Parlate con noi

Italienisches Lehrwerk

Mario Moretti und Ingemar Boström

Übungsbuch 2

LANGENSCHEIDT
BERLIN · MÜNCHEN · WIEN · ZÜRICH

Die Aufnahmen
der Texte sind auf
einer Cassette erhältlich
ISBN 3-468-84275-9

© 1979 by Langenscheidt KG, Berlin und München –
Deutsche Ausgabe

© Ingemar Boström, Mario Moretti und
Almqvist & Wiksell Läromedel AB, Stockholm 1970

Auflage:	4.	3.	2.	1.	Letzte Zahlen
Jahr:	1982	81	80	79	maßgeblich

Druck: Druckhaus Langenscheidt, Berlin
Printed in Germany · ISBN 3-468-49276-6

Indice/Inhaltsverzeichnis

1. Tutte le strade portano a Roma *5*
2. Andiamo a vedere gli aeroplani *7*
3. Alla dogana *9*
4. Ufficio informazioni *11*
5. Ufficio di cambio *12*
6. Un turista all'hotel Hilton *14*
7. Una fontana in una notte *16*
8. Mangiafuoco a Piazza Navona *17*
9. Da Mario il Pallaro *19*
10. Roma trasteverina *20*
11. Da Cencio in Trastevere *22*
12. Lettera ad un'amica *23*
13. Roma grassa *25*
14. Un guasto alla macchina *26*
15. Roma « baffuta » *27*
16. Via Veneto *27*
17. Una telefonata *29*
18. Roma fascista *30*
19. Senso dell'humour *31*
20. Le rovine, fortuna d'Italia *32*
21. S.P.Q.R. *33*
22. Poste Vaticane (Roma Vaticana) *33*
23. Il suo territorio *36*
24. Introduzione (Paese, stato e popolo) *37*
25. I partiti in Italia *38*
26. Gli italiani crescono ed emigrano *39*
27. Lingua *40*
28. La chiesa e lo stato *41*
29. La madre *42*
30. Tradizione ed evoluzione *43*
31. La paura del divorzio *44*
32. Le mamme *45*
33. Madre e figlia *47*
34. Padre e figlio *48*
35. Introduzione (Istruzione) *50*
36. Tutto da riformare *51*
37. Lettera a una professoressa *53*
38. I due fratelli *54*
39. Introduzione (La stampa) *55*
40. Dai giornali *57*
41. Il cinema in tasca *58*
42. In Italia si legge poco *59*
43. Introduzione (La pubblicità) *60*
44. Calimero *62*
45. Introduzione (Il cinema) *63*
46. « Dialoghetto » sul cinema e il teatro *63*
47. Una sceneggiatura *64*
48. Introduzione (La Radio Televisione) *66*
49. Intervista con un « divo » della TV *66*
50. I giovani intervistano Gianni Morandi *68*
51.–52. keine Übungen
53. La Ciociara *70*
54. Due amiche a Pisa *72*
55. Maledetti toscani *74*
56. In un negozio fiorentino *76*
57. Firenze: i giorni del diluvio *78*
58. Alla stazione locale *81*
59. L'esame *82*
60. Dolce solitudine del Molise *84*
61. L'infinito *85*
62. Il triangolo industriale *86*
63. I grattacieli a Milano *87*
64. Il signor Veneranda *88*
65. Cucina barocca a Bologna *90*
66. Rivolta socialista *90*
67. Venezia minacciata *92*
68. Giulietta e Romeo *93*
69. Vita a Torino *95*
70. L'otto settembre 1943 *98*
71. Memoria *99*
72. Carnevale *100*
73. Genova *102*
74. Mare *103*
75. Napoli *103*

76 I napoletani: né vincitori né vinti *105*
77 Inverno in Calabria *106*
78 Visita a Matera *108*
79 Cristo non si ferma a Eboli *110*
80 La Calabria è già in orbita *111*
81 Lamento per il Sud *113*
82 La Sardegna *113*
83 Paese dei nuraghi *115*
84 La Sicilia *116*
85 La Giara *118*
86 La mafia *120*
87 Un uomo con il senso della giustizia *121*
88 Un simbolo della Sicilia nuova *122*
89 La vendita dei braccianti *124*
90 Il grande nonno *126*
Nachwort *128*

1 Tutte le strade portano a Roma

Esercizi

E 1 Rispondete alla domanda secondo il modello seguente

Hai molte stanze?
No, ho solo poche stanze.

1 Hai molti amici?
2 Hai molte sigarette?
3 Hai molti libri?
4 Hai molte fotografie?
5 Hai molte sedie?
(§ 7)*

E 2 Rispondete alla domanda

Avete paura?
No, non abbiamo molta paura.

1 Avete fame?
2 Avete sete?
3 Avete fretta?
4 Avete pazienza?

Parole nuove: *aver fame* (f) Hunger haben, *aver sete* (f) Durst haben

(§ 7)

E 3 Rispondete alla domanda

Abita in questa via, signora?
Sì, ci abito da molti anni.

1 Insegna in questa scuola, signorina?
2 Mangiano in questo ristorante, signori?
3 Lavora in questo ufficio, signora?
4 Vivi in questa città?
5 Studiate in questa biblioteca?

Parola nuova: *insegnare* unterrichten

(§§ 23, 43)

---

* Die Paragraphennummern weisen auf den betreffenden Abschnitt der Kurzgrammatik im Lehrbuch S. 151-164 hin.

E 4

Rispondete alla domanda

Non mangia la pastasciutta?
No, sono tre anni che non mangio la pastasciutta.

1 Non prende il caffè?
2 Non va al cinema?
3 Non fuma?
4 Non usa la brillantina?
5 Non beve il vino?

E 5

Rispondete alla domanda

Dove si trova San Gimignano?
A trentotto chilometri da Siena. Siena 38

1 Dove si trova Eboli? Salerno 27
2 Dove si trova Rapallo? Genova 33
3 Dove si trova Prato? Firenze 19
4 Dove si trova Castiglione Della Pescaia? Grosseto 22
5 Dove si trova Acireale? Catania 16

E 6

Verbo irregolare: *conoscere*

Completate la frase

Conoscemmo Maria a Roma ...
non l'abbiamo conosciuta a
Monaco

1 Conobbi Carlo a Roma ...
2 Conobbero Chiara a Roma ...
3 Conosceste Giorgio a Roma ...
4 Conoscesti Giovanni e Luigi a Roma ...
5 Conobbe le due signore a Roma ...

Rispondete alle domande

1 Dove si trova l'aeroporto intercontinentale di Roma?
2 Roma non si vede dall'aereo. Perché?
3 Dove abita il Dott. Paoli?
4 La Signora Palm viene a Roma per lavoro o in vacanza?

5 Come intende fare la Signora Palm per conoscere da vicino la vita e le abitudini di Roma?
6 Perché il Dott. Paoli le sembra ironico?
7 Perché una trattoria in Trastevere è come un ristorante a Pigalle?
8 Cosa dovrebbe fare la Signora Palm, secondo il Dott. Paoli?
9 Secondo lui, com'è l'Italia? Lo dice con tre aggettivi.
10 Il Dott. Paoli non è un romano tipico. Perché?
11 Cercate Via Veneto sulla pianta di Roma a pagina 20 del libro di testo. Dove incomincia? In che parco sbocca?
12 Guardate la fotografia a pagina 11 del libro di testo e rispondete alle domande:
 a Come si chiama l'aeroporto di Fiumicino?
 b Quale personaggio si vede nella fotografia?

Parole nuove: *pianta* Karte, *parco* Park

2 Andiamo a vedere gli aeroplani

Esercizi

E 7

Rispondete alla domanda

Bevi un po' di vino, Miriam?
No, non bevo più il vino.

1 Mangiate un po' di frutta, ragazzi?
2 Prende un po' di caffè, signore?
3 Ascolta un po' di musica, signorina?
4 Compri un po' di pesce, mamma?

(§ 1)

E 8

Completate la frase

Oggi non viene ...
ma nessuno si aspetta che venga.

1 Oggi non risponde ...
2 Oggi non parte ...
3 Oggi non lo dice ...
4 Oggi non ci va ...
5 Oggi non lo fa ...

(§ 49)

E 9 **Completate la frase**

Vuoi sempre cucinare tu . . .
anche se non sai cucinare bene.

1 Volete sempre suonare voi . . .
2 Vogliono sempre scrivere loro . . .
3 Vuoi sempre guidare tu . . .
4 Vuole sempre cantare lui . . .
5 Vogliamo sempre leggere noi . . .

Parola nuova: *suonare* spielen (ein Instrument)

E 10 **Cambiate la frase**

Non possono capire questo.
Questo non possono capirlo.

1 Non dobbiamo dimenticare questo.
2 Non sai·fare questo.
3 Non vuole spiegare questo.
4 Non posso dire questo.

(§ 17)

E 11 **Verbo irregolare:** *vedere*

Completate la frase

Quella volta non vide abbastanza . . .
ma vedrà meglio domani.

1 Quella volta non vedemmo abbastanza . . .
2 Quella volta non videro abbastanza . . .
3 Quella volta non vedesti abbastanza . . .
4 Quella volta non vidi abbastanza . . .
5 Quella volta non vedeste abbastanza . . .

Rispondete alle domande

1 Il protagonista di questa storia non avrebbe voluto andare sulla spiaggia. Perché?
2 Dove scelse di andare Miriam?
3 La terrazza dell'aeroporto è sempre piena di gente. Perché, secondo il protagonista?
4 Siete d'accordo? Perché?
5 Che ora del giorno era?
6 A che cosa sono simili gli aeroplani, secondo il protagonista? E perché?

3 Alla dogana

Esercizi

E 12 **Rispondete alla domanda**

È stato proprio Carlo a farlo?
Sì, l'ha fatto lui stesso.

1 È stata proprio Chiara a farlo?
2 Sei stata proprio tu a farlo, Laura?
3 Siete stati proprio voi a farlo, ragazzi?
4 Sono state proprie le ragazze a farlo?
5 Sono stati proprio i ragazzi a farlo?

(§ 12)

E 13 **Formate una frase**

Perché la fai piangere così?
Non farla piangere tanto!

1 Perché la fai ridere così?
2 Perché lo fai aspettare così?
3 Perché la fai dormire così?
4 Perché li fai uscire così?
5 Perché le fai parlare così?

(§ 55)

E 14 **Fate una domanda**

Non voglio far pagare il conto a Maria.
Perché le dovrei far pagare il conto?

1 Non voglio far sentire il disco a Chiara.
2 Non voglio far leggere le lettere a Carlo.
3 Non voglio far perdere tempo agli impiegati.
4 Non voglio far vedere la foto a Laura.
5 Non voglio far fumare le sigarette a Giorgio.

Parola nuova: *disco* Schallplatte

E 15 **Trasformate la frase**

Non c'è bisogno di farle aprire la valigia.
Non c'è bisogno di fargliela aprire.

1 Non c'è bisogno di fargli scrivere quella lettera.
2 Non c'è bisogno di fargli prenotare due posti.
3 Non c'è bisogno di farle cambiare i soldi.
4 Non c'è bisogno di farle comprare un vestito nuovo.
(§ 55)

E 16 **Verbo irregolare:** *aprire*

Completate la frase

Aprimmo quella porta allora . . .
poi non l'abbiamo più aperta.

1 Aprì quella finestra allora . . .
2 Aprirono quel libro allora . . .
3 Aprii quelle scatole allora . . .
4 Apristi quella valigia allora . . .
5 Apriste quei libri allora . . .

Rispondete alle domande

1 L'impiegato, cosa trova spesso nelle valigie dei turisti?
2 Cosa c'è nella valigia della Signora Palm?
3 Perché l'impiegato non gliela fa aprire?
4 Che cosa vuol dire « effetti personali »?
5 Che cosa dice l'impiegato per essere gentile con la Signora Palm?

Ricerca

Fate un elenco di effetti personali per uomini e per donne.
Per esempio: cravatta – gonna (vedere *Parlate con noi 1, Esercizi, pagina 43*).

Parole nuove: *ricerca* Suche, hier: weitere Aufgabe, *elenco* Liste

4 Ufficio informazioni

Esercizi

E 17 **Trasformate la frase**

Compra una Lancia Fulvia. (preferire)
Preferisce comprare una Lancia Fulvia.

1 Parlano bene l'inglese. (sapere)
2 Viene da sola. (intendere)
3 Finiscono la partita. (desiderare)
4 Beve una tazza di caffè. (preferire)

(§ 54)

E 18 **Trasformate la frase**

Forse troverò un lavoro. (spero)
Spero di trovare un lavoro.

1 Forse tornerò presto. (conto)
2 Forse imparerò tutto in due giorni. (penso)
3 Forse riuscirò a farlo. (credo)
4 Forse arriverò in tempo. (spero)

(§ 56)

E 19 **Completate la frase**

È meglio che io lo faccia . . .
Se non lo facessi, mi sentirei a disagio.

1 È meglio che lo facciamo . . .
2 È meglio che lo facciano . . .
3 È meglio che tu lo faccia . . .
4 È meglio che lo facciate . . .
5 È meglio che la Signora Palm lo faccia . . .

(§§ 50, 53)

E 20 **Verbo irregolare:** *sapere*

Completate la frase

Non seppero farlo allora . . .
e non sanno farlo adesso.

1 Non seppe farlo allora . . .
2 Non sapemmo farlo allora . . .
3 Non seppi farlo allora . . .

4 Non sapeste farlo allora ...
5 Non sapesti farlo allora ...

Rispondete alle domande

1 Per dove deve partire la Signora Palm?
2 Quando vorrebbe partire, di sera o di mattina?
3 Perché è venuta alla stazione con una settimana d'anticipo?
4 Perché non è necessario, secondo l'impiegato, prenotare con una settimana d'anticipo?
5 Perché la Signora Palm non crede di cambiare idea?

5 Ufficio di cambio

Esercizi

E 21

Trascrivete in lettere le seguenti cifre

Schreiben Sie die nachstehenden Zahlen aus

21 pacchetti
ventun pacchetti

1 31 riviste
2 41 posti
3 51 regali
4 61 poltrone
5 71 monete
6 81 chili
7 91 dollari

Parola nuova: '*dollaro* Dollar

E 22

Trascrivete in lettere le cifre

15 + 16 = 31
Quindici più sedici fa trentuno.

1 69 + 48 = 117
2 103 + 213 = 316
3 867 + 980 = 1 847
4 2 602 + 5 841 = 8 443
5 10 800 + 37 250 = 48 050

E 23 **Rispondete alla domanda**

Hai bisogno di mille lire?
Macché, avrei bisogno di un milione di lire.

1 Hai bisogno di due mila corone?
2 Hai bisogno di tre mila dollari?
3 Hai bisogno di quattro mila franchi?
4 Hai bisogno di cinque mila sterline?
5 Hai bisogno di sei mila pesetas?

Parole nuove: *corona* Krone, *franco* Franc, *sterlina* Pfund Sterling

(§ 9)

E 24 **Trasformate la frase**

Nel locale c'erano circa venti persone.
Nel locale c'erano una ventina di persone.

1 All'inaugurazione erano presenti circa trenta giornalisti.
2 Restai a Roma per circa quindici giorni.
3 Vorrei circa cinquanta copie di questo libro.
4 Oggi ho letto solo circa quaranta pagine.

Parola nuova: *'copia* Exemplar

E 25 **Verbo irregolare:** *mettere*

Completate la frase

Misi tutto a posto prima di partire ...
Ho sempre messo tutto in ordine prima di partire.

1 Mettemmo tutto a posto prima di partire ...
2 Misero tutto a posto prima di partire ...
3 Mettesti tutto a posto prima di partire ...
4 Mise tutto a posto prima di partire ...
5 Metteste tutto a posto prima di partire ...

Rispondete alle domande

1 Dove si trova la Signora Palm in questa lezione?
2 Quante lire ci vogliono, all'incirca, per formare un marco tedesco?
3 E per formare 10 000 marchi tedeschi?
4 Quanti marchi ci vogliono, all'incirca, per formare 10 000 lire italiane?
5 E per formare 1 milione di lire italiane?
6 1 milione di marchi tedeschi è «un pozzo di soldi». Cercate un'altra espressione per dire la stessa cosa.

13

Esercitazione

1 Avete 35 marchi. In lire quanto avete?
2 Avete 100 marchi. In lire quanto avete?
3 Volete cambiare 1 500 lire. Quanti marchi vi danno?
4 Volete cambiare 9 000 lire. Quanti marchi vi danno?

Parola nuova: un'*esercitazione* Übung

6 Un turista all'hotel Hilton

Esercizi

E 26 **Trascrivete in lettere le cifre**

2^a *lezione*
Seconda lezione

1 V^o capitolo
2 IV^a lezione
3 X^o anniversario
4 VI^a scena
5 IX° piano

Parole nuove: *ca'pitolo* Kapitel, *anniver'sario* Geburtstag, *scena* Szene

E 27 **Rispondete alla domanda**

Dante è nato nel tredicesimo secolo?
Sì, è nato nel Duecento.

1 Strindberg è nato nel diciannovesimo secolo?
2 Molière è nato nel diciassettesimo secolo?
3 Petrarca è nato nel quattordicesimo secolo?
4 Goethe è nato nel diciottesimo secolo?
5 Machiavelli è nato nel quindicesimo secolo?
6 Shakespeare è nato nel sedicesimo secolo?
7 Moravia è nato nel ventesimo secolo?

(§ 11)

E 28 **Verbo irregolare:** *riuscire*

Completate la frase

Oggi non riesco a finire il lavoro . . .
ma certamente ci riuscirò domani.

1 Oggi non riescono a finire il lavoro . . .
2 Oggi non riusciamo a finire il lavoro . . .
3 Oggi non riesci a finire il lavoro . . .
4 Oggi non riuscite a finire il lavoro . . .
5 Oggi non riesce a finire il lavoro . . .

Cercate le parole

1 Una cosa che non è *utile* è *inutile.* Com'è una cosa che non è *giusta?* E un uomo che non è *cauto?*
2 Chi fa del turismo è chiamato *turista.* Com'è chiamato uno che fa del *ciclismo?* E uno che fa dell'*alpinismo?*

Parole nuove: '*cauto* vorsichtig, *turismo* Tourismus, *ciclismo* Radsport, *alpinismo* Alpinismus, Bergsteigen

Rispondete alle domande

1 Cosa desidera il Signor Sullivan?
2 Il Signor Sullivan è stato a Napoli, all'albergo Sole. A quale piano stava?
3 A quale piano era il bagno, all'albergo Sole?
4 In quale albergo si trova adesso il Signor Sullivan?
5 Cosa vuole vedere dalla sua finestra?
6 Come riuscirà a distinguere il Colosseo?
7 A quale piano sta la camera del Signor Sullivan?

Esercitazione

Raccontate un vostro viaggio a Roma. Per esempio: *Sono venuto in aereo . . .* (venire in aereo, passare la dogana, cambiare dei soldi, andare in un locale tipicamente romano, prendere una camera all'albergo, prenotare un posto in treno, ecc.)

7 Una fontana in una notte

Esercizi

E 29 **Completate la frase**

*Comincio a leggere il romanzo fra una settimana . . .
ma non lo leggo in una settimana.*

1 Cominciano ad aggiustare la macchina fra due ore . . .
2 Cominciamo a costruire il palazzo fra un anno . . .
3 Comincia a pagare il televisore fra sette mesi . . .
4 Cominciano a realizzare il progetto fra cinque anni . . .
5 Cominciamo a visitare Roma fra otto giorni . . .

Parola nuova: *aggiustare* in Ordnung bringen, reparieren

E 30 **Trasformate la frase**

*È molto bella quando ride.
Bella come lei ce ne sono poche.*

1 Sono molto prudente quando guido.
2 Sei molto distratto quando leggi.
3 Sono molto chiaccherone quando telefonano.
4 Siamo molto studiosi quando vogliamo.
5 Siete molto cattive quando fate così.

(§ 13)

E 31 **Trasformate la frase**

*Guardato che ebbe il conto, lo pagò.
Dopo aver guardato il conto, lo pagò.*

1 Discussa che ebbe la proposta, l'accettò.
2 Letto che ebbe il romanzo, lo raccontò.
3 Scritta che ebbe la cartolina, la spedì.
4 Ringraziata che ebbe la signora, se ne andò.

(§ 67)

E 32 **Trasformate la frase**

*Dopo aver aperto la finestra, mi guardò.
Aperta la finestra, mi guardò.*

1 Dopo aver finito la lezione, mi chiamò.
2 Dopo aver terminato la lettera, mi telefonò.
3 Dopo aver costruito il palazzo, lo vendette.

4 Dopo aver murato la finestra, partì.
5 Dopo aver fatto la passeggiata, si riposò.
(§ 67)

E 33

Verbo irregolare: *ottenere*

Completate la frase

Ottenesti quel lavoro troppo facilmente.
Oggi non l'otterresti più.

1 Ottenemmo quel lavoro troppo facilmente.
2 Ottenni quel lavoro troppo facilmente.
3 Ottenne quel lavoro troppo facilmente.
4 Ottennero quel lavoro troppo facilmente.
5 Otteneste quel lavoro troppo facilmente.

Rispondete alle domande

1 La Signora Palm visita Roma per la prima volta. Qual'è la sua impressione?
2 La Fontana delle Tartarughe ha una storia curiosa. Quali sono i protagonisti di questa storia?
3 Perché il duca si fece fare la Fontana delle Tartarughe?
4 E in quanto tempo?
5 Come finisce la storia?
6 Nella facciata di Palazzo Mattei c'è una finestra murata. Perché?

8 Mangiafuoco a Piazza Navona

Esercizi

E 34

Rispondete alla domanda

Dove metti la cenere, quando fumi? (*portare* + *cenere*)
La metto nel portacenere.

1 Dove metti le monete? (*portare* + *monete*)
2 Dove metti i biglietti di banca? (*portare* + *fogli*)
3 Dove metti la valigia se non entra in macchina? (*portare* + *bagagli*)
4 Dove metti il sapone quando ti sei lavato? (*portare* + *sapone*)

Parole nuove: la *cenere* Asche, *foglio* Blatt Papier, il *sapone* Seife

E 35 Verbo irregolare: *comparire*
Completate la frase

Comparisti in pubblico solo quella volta...
poi non sei più comparso.

1 Comparvero in pubblico solo quella volta...
2 Comparvi in pubblico solo quella volta...
3 Comparimmo in pubblico solo quella volta...
4 Comparve in pubblico solo quella volta...
5 Compariste in pubblico solo quella volta...

E 36 Verbo irregolare: *accogliere*
Completate la frase

Sì, è vero, li accogliemmo con poche parole...
ma noi li accogliamo sempre così.

1 Sì, è vero, li accolsi con poche parole...
2 Sì, è vero, li accolsero con poche parole...
3 Sì, è vero, li accogliesti con poche parole...
4 Sì, è vero, li accoglieste con poche parole...
5 Sì, è vero, li accolse con poche parole...

E 37 Verbo irregolare: *scegliere*
Completate la frase

Non scegliesti una via facile...
ma la risceglieresti se fosse necessario.

1 Non scegliemmo una via facile...
2 Non scelsero una via facile...
3 Non scelsi una via facile...
4 Non sceglieste una via facile...
5 Non scelse una via facile...

Rispondete alle domande

1 In questa lezione ci troviamo a Piazza Navona. È sera, d'estate. La piazza è piena di gente. Chi vi si trova, per esempio?
2 C'è molto traffico nella piazza?
3 Piazza Navona era anticamente uno stadio: il circo Domiziano. La forma della piazza ricorda ancora il circo. C'è anche qualcos'altro che ricorda l'origine della piazza? Qualcosa di carattere moderno?

4 Al centro della piazza c'è uno strano personaggio, Mangiafuoco. Cosa fa? Com'è? Descrivetelo.
5 Chi assiste al suo spettacolo?
6 In Italia i giovani anticonformisti d'oggi vengono spesso chiamati « capelloni ». La ragione è molto semplice. Qual'è?

9 Da Mario il Pallaro

Esercizi

E 38

Completate la frase

*Si accomodi, signora . . .
E anche voi ragazzi, accomodatevi.*

1 Si sieda, signora . . .
2 Si affacci, signora . . .
3 Si rassicuri, signora . . .
4 Si serva da sola, signora . . .

E 39

Completate la frase

*Non beviamo vino stasera . . .
non ce la facciamo proprio a berlo.*

1 Non bevo vino stasera . . .
2 Non bevono vino stasera . . .
3 Non beve vino stasera . . .
4 Non bevete vino stasera . . .
5 Non bevi vino stasera . . .

E 40

Verbo irregolare: *discutere*

Completate la frase

*Cominciò a discutere con Anna prima che io uscissi . . .
e discuteva ancora due ore dopo.*

1 Cominciaste a discutere con Anna prima che uscissero . . .
2 Cominciai a discutere con Anna prima che usciste . . .
3 Cominciarono a discutere con Anna prima che tu uscissi . . .
4 Cominciasti a discutere con Anna prima che lui uscisse . . .

Rispondete alle domande

1 La Signora Palm ed il Dott. Paoli sono in un ristorante. Chi, stranamente, ordina da mangiare?
2 Il Dott. Paoli e la Signora Palm mangiano la stessa cosa?
3 Dove viene prodotto il « vino bianco » di cui si parla? (Vedere *Parlate con noi 1, Esercizi, pagina 70.*)
4 Perché tutti si prestano al gioco di Mario il Pallaro?
5 Sophia Loren e Marcello Mastroianni hanno fatto molti film insieme. Conoscete qualcuno di questi film?

Parole nuove: *prodotto* (participio passato di *produrre*); il Chianti è un vino prodotto in Italia.

Ricerca

Quanti vini italiani conoscete?

10 Roma trasteverina

Esercizi

E 41

Rispondete alla domanda

Hai chiesto il libro a Maria?
No, glielo chiedo oggi.

1 Avete chiesto i soldi al padrone?
2 Hai chiesto le chiavi a sua zia?
3 Avete chiesto la macchina al nonno?
4 Hai chiesto il giornale a Giorgio?
5 Avete chiesto le fotografie agli studenti?

E 42

Rispondete alla domanda

In quanti siamo a venire? Siamo in dieci?
Sì, sarete in dieci a venire.

1 In quanti sono a pagare? Sono in pochi?
2 In quanti siete ad andare a quella festa? Siete in troppi?
3 In quanti siamo a mangiare? Siamo in molti?
4 In quanti sono a fare sciopero? Sono in parecchi?
5 In quanti siete a partire? Siete in cinque?

(§ 10)

E 43

Verbo irregolare: *chiedere*
Completate la frase

Non chiesero dove andavano . . .
se lo chiedevano era meglio.

1 Non chiedemmo dove andavi . . .
2 Non chiedesti dove andavo . . .
3 Non chiesi dove andavate . . .
4 Non chiedeste dove andavo . . .
5 Non chiese dove andavamo . . .

Rispondete alle domande

1 Dove si trovano i « romani di Roma »?
2 Cosa hanno fatto gli americani a Trastevere?
3 Come si chiama il ristorante con la « cucina romana per americani »?
4 L'autore dice che « Trastevere resiste bene alle infiltrazioni ». Cosa intende?
5 Quale sarebbe, secondo l'autore, la caratteristica di Trastevere e dei paesi del Sud?
6 A Trastevere la strada è salotto, laboratorio, cucina, sala da pranzo e spesso anche toilette. Tutto questo è pittoresco ma la vera ragione, qual'è?
7 Ci sono molti ristoranti a Trastevere?
8 Le strade sono piccole e strette. Da cosa lo potete capire?
9 Le vecchie dove siedono di preferenza?

Parole nuove: un *autore* Boccaccio è l'autore del Decamerone, *pittoresco* pittoresk

Cercate le parole

1 Una *strada* piccola e stretta, si chiama *stradina*. Come si chiama un *letto* piccolo e stretto?
2 E un *appartamentino* che cos'è?

Ricerca

Guardate la pianta di Roma a pagine 20–21 del libro di testo e rispondete a queste domande:

1 Quali sono le piazze e i monumenti che già conoscete?
2 Come si chiama il grande parco verde vicino a Piazza del Popolo?

3 In Trastevere c'è una famosa chiesa. Come si chiama?
4 Dalla Stazione Termini prendiamo Via Nazionale, Corso Vittorio Emanuele e Via della Conciliazione. Dove arriviamo?
5 La Via dei Fori Imperiali porta ad un famoso monumento romano. Quale?
6 Come si chiama la chiesa che domina Piazza di Spagna?
7 Nominate alcune antiche porte romane.

Parole nuove: *nominare* dire il nome di, *dominare* beherrschen

11 Da Cencio in Trastevere

Esercizi

E 44

Formate una frase

Manca il pane.
Cameriere, ci porti del pane, per favore.

1 Manca lo zucchero.
2 Mancano i coltelli.
3 Manca l'acqua.
4 Mancano le forchette.
5 Manca il sale.

Parole nuove: *forchetta* Gabel, il *sale* Salz

E 45

Completate la frase

Perché non si sbriga un po', signora?
Si sbrighi, per favore!

1 Perché non vi sbrigate un po'?
2 Perché non ci sbrighiamo un po'?
3 Perché non ti sbrighi un po', Carlo?
4 Perché non si sbrigano un po', signori?
5 Perché non si sbriga un po', signorina?

E 46

Verbo irregolare: *rivolgere*

Completate la frase

Si rivolse al cameriere in termini rispettosi.
Non si è mai rivolto a un cameriere in termini rispettosi.

1 Si rivolsero al cameriere in termini rispettosi.
2 Ci rivolgemmo al cameriere in termini rispettosi.
3 Mi rivolsi al cameriere in termini rispettosi.

4 Ti rivolgesti al cameriere in termini rispettosi.
5 Vi rivolgeste al cameriere in termini rispettosi.

Cercate di spiegare

Una *parolaccia* è una parola «brutta» (Schimpfwort). Cercate di spiegare cosa vuol dire una *giornataccia*, una *barcaccia*, una *letteraccia*.

Esercitazione

1 Avete 2 000 lire. Scegliete dalla *Lista del giorno* a pagina 23 del libro di testo i piatti che preferite.
2 Quanti tipi di dolci ci sono?
3 Che tipo di pizza preferite?
4 Volete mangiare un po' di pesce. Cosa scegliete?
5 Volete solo un antipasto. Cosa scegliete?
6 Quali sono i piatti italiani tipici che preferite?

Parole nuove: *piatto* Gericht, un *dolce* Süßspeise, *antipasto* Vorspeise

12 Lettera ad un'amica

Esercizi

E 47

Verbo irregolare: *scrivere*

Completate la frase

Scrivemmo tutte le lettere in tedesco...
ma adesso le scriviamo in italiano.

1 Scrivesti tutte le lettere in tedesco...
2 Scrissero tutte le lettere in tedesco...
3 Scrissi tutte le lettere in tedesco...
4 Scriveste tutte le lettere in tedesco...
5 Scrisse tutte le lettere in tedesco...

Rispondete alle domande

1 La Signora Palm sta scrivendo una lettera ad un'amica. Come si chiama la sua amica?
2 E dove abita?
3 Dove sta seduta la Signora Palm mentre scrive la lettera?

4 Quando andrà a trovare la sua amica?
5 Chi è il dottor Paoli?
6 Cosa può vedere la Signora Palm dal suo albergo?
7 Quale usanza c'è a Fontana di Trevi?

Scrivete una lettera

Per cominciare

1 Egregio Signor Rossi,　　　　　} se vi rivolgete
　Egregia Signora Rossi,　　　　 } ad una persona
　Egregio Dottor Bianchi,　　　　} che non conoscete

2 Caro Signor Conti,　　　　　　} se vi rivolgete
　Cara Signora Conti,　　　　　　} ad una persona
　Caro Paoli,　　　　　　　　　　} che conoscete

3 Caro Luigi,　　　　　　　　　　{ se vi rivolgete
　Carissima Laura,　　　　　　　 { ad uno o più amici
　Carissimi!

Per salutare

1 Distinti saluti
　Ossequi
　Ossequi a Lei ed alla famiglia

2 Cordiali saluti
　Cordialmente Suo
　Cordialmente

3 Ti abbraccio
　Affettuosamente
　Ciao!

Scrivete una lettera ad un amico per dirgli che siete a Roma e che andrete a trovarlo tra una settimana nella sua città.
Scrivete la stessa lettera:
a ad una signora che non conoscete
b ad un signore che conoscete

Parole nuove: *egregio* Egregio Signor ... Sehr geehrter Herr (im Brief), *os'sequi* Hochachtungsvoll, *cordiale* aggettivo di cuore, *abbracciare* umarmen, *affettuosamente* herzliche Grüße (im Brief)

13 Roma grassa

Esercizi

E 48 **Formate una frase**

Non fai mai attenzione! Hai dimenticato le chiavi.
Fai attenzione a non dimenticare più le chiavi.

1 Non fate mai attenzione! Avete lasciato la luce accesa.
2 Non fa mai attenzione! Ha sfiorato la macchina.
3 Non fai mai attenzione! Hai lasciato la finestra aperta.
4 Non fate mai attenzione! Avete sbagliato la strada.
5 Non fa mai attenzione! Ha spaventato il bambino.

Parola nuova: *acceso* PP di *ac'cendere* anzünden
(§ 57)

E 49 **Verbo irregolare:** *crescere*
Completate la frase

Sei cresciuto tanto quando avevi 14 anni...
ma adesso che ne hai 25 non cresci più.

1 Sono cresciuti tanto quando avevano 14 anni...
2 Sono cresciuto tanto quando avevo 14 anni...
3 Siamo cresciuti tanto quando avevamo 14 anni...
4 È cresciuta tanto quando aveva 14 anni...
5 Siete cresciuti tanto quando avevate 14 anni...

Rispondete alle domande

1 Perché i giornali dicevano che Roma sarebbe stata semivuota e deserta?
2 A che ora uscì il personaggio di questa storia?
3 Dove andò?
4 Chi c'era a Villa Borghese?
5 Chi aveva riconosciuto, una volta, al caffé di Piazza del Popolo?
6 Perché si sentiva defraudato?
7 Conoscete qualche libro di Moravia?

14 Un guasto alla macchina

Esercizi

E 50

Completate la frase

Non voglio una macchina qualsiasi . . .
Voglio una macchina che sia in buono stato.

1 Non desidero una bicicletta qualsiasi . . .
2 Non cerco una barca qualsiasi . . .
3 Non chiedo una camera qualsiasi . . .
4 Non compro un appartamento qualsiasi . . .
5 Non prendo un televisore qualsiasi . . .

Parole nuove: *qual'siasi* x-beliebig, *stato* Zustand

(§ 52)

E 51

Fate una domanda

Ecco l'albergo.
Non c'è nessun albergo che sia migliore di questo?

1 Ecco la stanza.
2 Ecco la bistecca.
3 Ecco il posto.
4 Ecco la fotografia.
5 Ecco il ristorante.

Parola nuova: *bistecca* Steak

(§ 52)

E 52

Verbo irregolare: *proporre*

Completate la frase

Ti proponesti di fare del tuo meglio . . .
e te lo proponi tuttora.

1 Ci proponemmo di fare del nostro meglio . . .
2 Si proposero di fare del loro meglio . . .
3 Mi proposi di fare del mio meglio . . .
4 Vi proponeste di fare del vostro meglio . . .
5 Si propose di fare del suo meglio . . .

Parole nuove: *proporsi* sich vornehmen, *fare del suo 'meglio* sein Bestes tun, *tuttora* noch immer

15 Roma «baffuta»

Esercizi

Trasformate la frase

Purtroppo non avete dei veri amici.
Vi mancano proprio dei veri amici.
1 Purtroppo non hai il tempo.
2 Purtroppo non ha mille lire.
3 Purtroppo non abbiamo un giornale tedesco.
4 Purtroppo non ha dei libri scritti in italiano.
5 Purtroppo non hanno un po' di fantasia.

Rispondete alle domande

1 Cosa mancava, nel 1870, al regno d'Italia unito?
2 E perché?
3 Chi era il re d'Italia, allora?
4 La resistenza delle truppe del Papa fu breve. Perché?
5 L'Italia ha avuto tre capitali. Quali?
6 Come viene chiamato il monumento a Vittorio Emanuele II° dai romani sarcastici?
7 Si dice la Roma « baffuta ». Perché?
8 Dove si trova la tomba del Milite Ignoto?
9 Qual'è la via più famosa di Roma?

16 Via Veneto

Esercizi

Completate la frase

Cameriere, mi porti un altro caffè, per favore.
Anzi, me ne porti altri due.
1 Giovanni, mi dia un altro etto di manzo, per favore.
2 Maria, mi compri un altro chilo di pasta, per favore.
3 Mi prenoti un altro posto in prima, per favore.
4 Giorgio, mi legga un altro capitolo, per favore.

(§ 22, 33)

E 55 **Fate una domanda**

Ho cucito il vestito in fretta. Ho impiegato solo due giorni.
Quanti giorni ci sono voluti a te per cucirlo?

1 Ho letto il libro in fretta. Ho impiegato solo una settimana.
2 Ho imparato l'italiano in fretta. Ho impiegato solo un anno.
3 Ho realizzato il progetto in fretta. Ho impiegato solo tre mesi.
4 Ho smesso di mangiare in fretta. Ho impiegato solo poco tempo.
5 Ho percorso la Firenze-Mare in fretta. Ho impiegato solo un'ora.

(§ 40)

E 56 **Verbo irregolare:** *nascere*

Completate la frase

Non siamo poi tanto vecchi . . . (1930)
Siamo nati nel 1930.

1 Non sei poi tanto vecchio . . . (1940)
2 Non siete poi tanto vecchi . . . (1935)
3 Non sono poi tanto vecchio . . . (1953)
4 Non sono poi tanto vecchie . . . (1949)
5 Non è poi tanto vecchia . . . (1938)

Rispondete alle domande

1 Chi è Victor Tombolini?
2 Il suo caffè ha un nome francese. A quale famosa strada parigina assomiglia Via Veneto?
3 Cosa c'era prima nel locale?
4 Chi è stato il vero padrino della Roma notturna?
5 Quale privilegio aveva?
6 Piazza Navona è un '« isola pedonale ». Cosa vuol dire?
7 Cosa vorrebbe fare il Signor Tombolini a Piazza Navona?
8 In quale città si trova San Marco?
9 Come sapete, la « Dolce Vita » è un film di Fellini. Conoscete il titolo di qualche altro dei suoi film?
10 Una delle protagoniste della « Dolce Vita » era svedese. Sapete chi è?

Parola nuova: *assomigliare* essere simile a

Esercitazione

Fate un breve riassunto dell'intervista col Signor Tombolini.
Cominciate: *Il Signor Tombolini ha aperto il «Café de Paris» nel 1955. Prima, nel locale c'era* . . .
Parole nuove: *riassunto* Zusammenfassung, *intervista* Interview

17 Una telefonata

Esercizi

E 57 **Completate la frase**

Non si servono quasi mai del telefono.
Non se ne servono che per telefonare in città.

1 Non si serve quasi mai del telefono.
2 Non vi servite quasi mai del telefono.
3 Non ti servi quasi mai del telefono.
4 Non ci serviamo quasi mai del telefono.
5 Non mi servo quasi mai del telefono.

(§§ 8, 21)

E 58 **Completate la frase**

Vorrei vedere qualcosa di moderno . . .
ma qui non c'è niente di moderno da poter vedere.

1 Vorrei mangiare qualcosa di buono . . .
2 Vorrei prendere qualcosa di caldo . . .
3 Vorrei comprare qualcosa di bello . . .
4 Vorrei regalare qualcosa di utile . . .
5 Vorrei imparare qualcosa d'interessante . . .

(§ 36)

E 59 **Verbo irregolare:** *rispondere*

Completate la frase

Rispose a tutte le domande . . .
Non aveva mai risposto così bene.

1 Risposero a tutte le domande . . .
2 Risposi a tutte le domande . . .
3 Rispondesti a tutte le domande . . .
4 Rispondemmo a tutte le domande . . .
5 Rispondeste a tutte le domande . . .

Rispondete alle domande

1 In Germania si usano le monete per telefonare. E in Italia?
2 Quando rispondono, cosa bisogna fare?
3 Se uno preme il bottone prima di aver ricevuto la risposta, cosa succede?
4 A chi telefona la Signora Palm?
5 Cosa vuole andare a visitare?
6 L'EUR è un'abbreviazione. Di che cosa?
7 Che cosa scimmiottavano gli architetti del periodo fascista?
8 A che ora il Dott. Paoli andrà a prendere la Signora Palm? Dove?

18 Roma fascista

Esercizi

E 60

Trasformate la frase

Il professore incoraggiò l'allievo a studiare musica.
L'allievo venne incoraggiato dal professore a studiare musica.

1 Il re inaugurò l'esposizione.
2 I signori suggerirono quell'idea.
3 Noi raccontammo quell'episodio.
4 Voi prestaste i soldi.
5 Tu prenotasti quei posti.

(§ 42)

Rispondete alle domande

1 Perché gli architetti del periodo fascista scimmiottavano lo stile dell'antica Roma?
2 Come venne ribattezzato il Palazzo della Civiltà del Lavoro?
3 Date un esempio della retorica fascista.

Parola nuova: *re'torica* Rhetorik

Ricerca

Mettete la definizione delle lettere vicino al nome corrispondente.

1 Colombo	*a* poeta
2 Galilei	*b* filosofo
3 Tiziano	*c* navigatore, esploratore
4 Garibaldi	*d* fisico, astronomo, filosofo
5 Marconi	*e* eroe
6 Croce	*f* scienziato
7 Petrarca	*g* pittore

Parole nuove: *'lettera* a, b, c, d, e, f sono delle lettere, *fi'losofo* Philosoph, un *esploratore* Forschungsreisender, *'fisico* Physiker, *as'tronomo* Astronom

19 Senso dell'humour

Esercizi

E 61 **Rispondete alla domanda**

Chi l'ha buttato in acqua, quel cappello?
È stato buttato in acqua da Vittorio.

1 Chi li ha ritrovati in giardino, quei soldi?
2 Chi le ha condotte alla stazione, quelle signorine?
3 Chi l'ha chiusa a chiave, quella porta?
4 Chi le ha viste a Roma, quelle ragazze?
5 Chi l'ha scritta sul muro, quella parolaccia?

(§ 42)

E 62 **Verbo irregolare:** *leggere*

Completate la frase

Leggemmo quella lettera a tutti . . .
Era meglio se l'avevamo letta solo a Federico.

1 Lesse quella lettera a tutti . . .
2 Lessi quella lettera a tutti . . .
3 Leggeste quella lettera a tutti . . .
4 Lessero quella lettera a tutti . . .
5 Leggesti quella lettera a tutti . . .

Rispondete alle domande

1 Cosa fece scrivere, Mussolini, sui muri delle case?
2 Mussolini era romagnolo. Da quale regione veniva, quindi?
3 Raccontate l'aneddoto del salvataggio « prefabbricato ».

Parola nuova: una *regione* l'Italia è divisa in 20 regioni

Ricerca

Scegliete la risposta corretta: (Se avete dei dubbi, consultate un'enciclopedia.)

1 Il fascimo è un movimento politico
  a liberale
  b di destra
  c di sinistra

2 Il regime fascista in Italia durò
  a 30 anni
  b 10 anni
  c 20 anni

3 Mussolini è morto
  a in prigione
  b fucilato
  c suicida

4 Il re d'Italia durante il fascismo si chiamò
  a Vittorio Emanuele III
  b Umberto I
  c Vittorio Emanuele II

Parole nuove: un'*enciclope'dia* Nachschlagewerk, *movimento* Bewegung, *liberale* liberal, un *regime* la Germania Ovest ha un regime democratico, *fucilare* erschießen, un, una *suicida* uno che si dà la morte

20 Le rovine, fortuna d'Italia

Rispondete alle domande

1 Trilussa scrive in romanesco. Sapete il nome di un altro poeta romanesco?
2 Di quale Foro parla Trilussa?
3 Perché, secondo il poeta, le rovine sono sempre state la fortuna d'Italia?

4 Come definireste questa poesia:
  a lirica
  b satirica
  c patriottica

Parole nuove: *romanesco* dialetto (Dialekt) romano, *'lirico* lyrisch, *sa'tirico* satirisch, *patri'ottico* patriotisch, *definire* dare una definizione di qualcosa, *poe'sia* Dichtung

21 S.P.Q.R.

Rispondete alla domanda

Qual'è la giusta interpretazione della sigla S.P.Q.R.?

22 Poste Vaticane (Roma Vaticana)

Esercizi

E 63 **Rispondete alla domanda**

Spedisce ora le quattro lettere, signora?
Sì, le spedisco subito tutte e quattro.

1 Compra ora le dieci cartoline, signora?
2 Ritira ora i tre pacchi, signore?
3 Prende ora i sei francobolli, signora?
4 Spedisce ora le due raccomandate, signora?

E 64 **Trasformate la frase mettendo il verbo al condizionale**

Voglio spedire una cartolina per la Germania.
Vorrei spedire una lettera per la Germania.

1 Sa indicarmi dove si trova l'ufficio postale?
2 Può darmi due buste per via aerea?
3 Devi ritirare un vaglia telegrafico!
4 Sanno spiegarmi il senso di questa parola?
5 Debbono tornare subito a casa!

E 65 Verbo irregolare: *volere*
Completate la frase

Vuole comprare una bella automobile ...
ma non vorrebbe spendere troppo.

1 Vogliono comprare una bella automobile ...
2 Voglio comprare una bella automobile ...
3 Vuoi comprare una bella automobile ...
4 Vogliamo comprare una bella automobile ...
5 Volete comprare una bella automobile ...

Parola nuova: '*spendere* ausgeben

Rispondete alle domande

1 Come si chiama il Papa che c'è adesso, Giovanni XXIII o Paolo VI?
2 La Signora Palm compra due serie delle « Poste Vaticane ». Che cosa sono?
3 Quanto costa mandare una lettera via aerea per la Germania Ovest?
4 Cosa deve fare la Signora Palm allo sportello numero 3?
5 Ed allo sportello numero 9?

Piccola guida postale ed esercitazione

Normale

Lettere

Italia, San Marino, Città del Vaticano Francia, Monaco, Belgio, Germania Ovest, Lussemburgo, Paesi Bassi	170 lire	fino a 20 grammi
Estero	220 lire	

Cartoline

a Estero	80 lire	fino a 5 parole
b Italia, San Marino, Città del Vaticano Francia, Monaco, Belgio, Germania Ovest, Lussemburgo, Paesi Bassi	120 lire	con corrispondenza
Estero	150 lire	

Via aerea

Italia, San Marino, Città
del Vaticano normale + 15 lire
Estero normale + 45 lire

Raccomandata

Italia, San Marino, Città
del Vaticano 520 lire
Estero 670 lire

Espresso

Italia, San Marino, Città
del Vaticano 520 lire
Estero 670 lire

Parole nuove: *postale* aggettivo di posta, *normale* una lettera normale non è raccomandata, *'Monaco* Monte Carlo è una grande città di Monaco, *'Belgio*, Belgien, *Germania Ovest* La Germania è divisa in Germania Ovest e Germania Est, *Paesi Bassi* L'Olanda è un altro nome per i Paesi Bassi, *'estero* per andare all'estero bisogna quasi sempre avere un passaporto, *grammo (g)* 1 000 grammi fanno 1 chilo (kg), *corrispondenza* essere in corrispondenza con qualcuno vuol dire scrivere a qualcuno, *espresso* una lettera espresso arriva, in genere, prima di una lettera normale

Siete a Roma, alla posta

1 Quanto costa mandare una lettera normale per l'Italia?
2 E per la Germania Ovest?
3 Quanto costa mandare una lettera via aerea per la Francia?
4 E per la Germania Ovest?
5 Quanto costa mandare una cartolina con 5 parole per la Danimarca?
6 Costa di più mandare una cartolina con corrispondenza?
7 Quanto costa mandare una lettera espresso per la Germania Ovest?
8 E per la Germania Est?

Parola nuova: *Danimarca* Dänemark

23 Il suo territorio

Esercizi

E 66

Formate una frase con il gerundio

Carlo è ricco. Possiede molte case.
Possedendo molte case, è ricco.

1 Maria è stanca. Lavora tutto il giorno.
2 La signora è diventata grassa. Mangia troppi spaghetti.
3 La piazza è quasi deserta. È vietata al traffico.
4 Giorgio ha perso i suoi soldi. Gioca spesso alle carte.
5 Laura è sempre in ritardo. Si alza solo alle otto.

(§ 63)

E 67

Verbo irregolare: *giungere*

Completate la frase

Giunse con un'ora d'anticipo.
Di solito giunge sempre in ritardo.

1 Giungemmo con un'ora d'anticipo.
2 Giunsi con un'ora d'anticipo.
3 Giungeste con un'ora d'anticipo.
4 Giunsero con un'ora d'anticipo.
5 Giungesti con un'ora d'anticipo.

Scegliete la risposta corretta

1 Nella Città del Vaticano c'è
   a una scuola
   b un ristorante
   c una biblioteca

2 Il Papa possiede
   a tutto
   b solamente oggetti
   c niente

3 Il Vaticano conta
   a ca 2 000 abitanti
   b ca 500 abitanti
   c ca 1 000 abitanti

4 Si ha il diritto di cittadinanza
   a per riconoscimento papale
   b per nascita
   c mai

5 I cardinali sono cittadini del Vaticano
  a sempre
  b quando sono a Roma
  c quando sono fuori Roma

Parole nuove: *ca* circa, un, una *abitante* l'Italia conta ca 54 000 000 abitanti

Esercitazione

Scegliete una piazza, un monumento o un quartiere di Roma che vorreste visitare. Spiegate per iscritto il perché della vostra scelta. Esempio: *Vorrei visitare . . . perché . . .*

Parola nuova: *per iscritto* schriftlich; vgl. *a voce* mündlich

24 Introduzione (Paese, stato e popolo)

Esercizi

E 68 **Rispondete alla domanda**

Dove si trova Roma rispetto a Milano? (sud)
Roma si trova a sud di Milano.

1 Dove si trova la Spagna rispetto all'Italia? (occidente)
2 Dove si trova la Iugoslavia rispetto all'Italia? (oriente)
3 Dove si trova Napoli rispetto a Bari? (nord-ovest)
4 Dove si trova la Lombardia rispetto alla Toscana? (nord)
5 Dove si trova Ravenna rispetto a Torino? (sud-est)

Parola nuova: *rispetto a* in bezug auf

E 69 **Verbo irregolare: *dividere***

Completate la frase

Divise la torta in sei parti . . .
ma sarebbe stato meglio se l'avesse divisa in otto parti.

1 Dividemmo la torta in sei parti . . .
2 Dividesti la torta in sei parti . . .
3 Divisi la torta in sei parti . . .
4 Divideste la torta in sei parti . . .
5 Divisero la torta in sei parti . . .

Parola nuova: *torta* Torte

Mettete la parola, la cifra o la data che mancano

1 L'Italia è divisa in ──── (cifra) regioni.
2 Nel ──── (data), l'Italia è diventata una repubblica.
3 Il Capo dello Stato è il ──── (parola), che dura in carica ──── (cifra) anni.
4 Il ──── (parola) si compone della Camera dei Deputati e del Senato della Repubblica.
5 Lo Stato italiano confina a nord-est con la ──── (parola).
6 La Repubblica di San Marino si trova in ──── (parola).

Parole nuove: *cifra* Zahl, *data* Datum

Cercate di rispondere alle domande

1 L'Italia ha più o meno abitanti della Germania?
2 La Germania Ovest ha una superficie di 247 973 kmq. È più grande o più piccola dell'Italia?
3 L'Italia viene spesso chiamato lo « stivale ». Perché?

Parola nuova: uno *stivale* Stiefel

25 I partiti in Italia

Esercizi

E 70 **Formate una frase**

Ritelefona fra qualche minuto!
Sì, è bene che telefoni ogni due minuti.

1 Rimangia fra qualche ora!
2 Ripassa fra qualche giorno!
3 Ritenta fra qualche settimana!
4 Ripaga fra qualche mese!
5 Ritorna fra qualche anno!

E 71 **Completate la frase**

Non leggo molti giornali italiani...
ma vorrei leggerne di più.

1 Non vedo molti film francesi...
2 Non visito molti musei tedeschi...
3 Non ascolto molti programmi alla radio...

4 Non scrivo molte lettere in italiano ...
5 Non spedisco molte cartoline ...
(§ 22)

E 72

Verbo irregolare: *succedere*
Formate una domanda
Non gli succede mai niente.
A lui non è mai successo niente?
1 Non le succede mai niente.
2 Non ti succede mai niente.
3 Non ci succede mai niente.
4 Non vi succede mai niente.
5 Non succede mai niente a Maria e a Carlo.

Rispondete alle domande

1 Chi intervista il signore italiano?
2 Cosa vuole sapere il giornalista tedesco?
3 Quanti partiti politici ci sono in Italia?
4 Chi fu l'ultimo re d'Italia?
5 Da quando c'è la repubblica in Italia?
6 Quale partito, attraverso varie alleanze, ha governato il paese dal 1948?
7 Quale partito è sempre stato all'opposizione?
8 Cosa vuol dire MSI?
9 Di che tendenza è?
10 Perché ci sono così spesso scioperi in Italia?
11 Cos'è la CGIL?
12 Qual'è il più forte dei partiti comunisti dell'occidente?
13 Nell'intervista si parla di due contraddizioni: una italiana, l'altra svedese. Quali sono?

Parola nuova: *intervistare qualcuno* fare un'intervista (Interview) a qualcuno

26 *Gli italiani crescono ed emigrano*

Rispondete alle domande

1 Quanti sono i cittadini italiani residenti all'estero?
2 E gli italiani che hanno assunto la cittadinanza del paese che li ospita, quanti sono?

3 Cosa succederebbe se tutti questi italiani decidessero di tornare in Italia?
4 E perché?
5 Quanti abitanti ha l'Italia, oggi?
6 E nel 1861?
7 Quanti lavoratori lasciano l'Italia ogni anno?
8 Quale stato ospita il maggior numero di italiani?
9 Conoscete il nome di un famoso cantante americano di origine italiana?
10 Conoscete il nome di un famoso attore italiano del cinema muto americano? (Rudolph...)

Parole nuove: un, una *cantante* Sänger, Sängerin, *'cinema* Film, *muto* un uomo muto non può parlare

27 Lingua

Esercizi

E 73

Rispondete alla domanda

Tutte le famiglie italiane hanno il telefono? (21%)
No, solo il 21 per cento ha il telefono.

1 Tutte le famiglie italiane hanno l'acqua in casa? (76%)
2 Tutte le famiglie italiane hanno il frigorifero? (30%)
3 Tutte le famiglie italiane hanno la macchina da cucire? (56%)
4 Tutte le famiglie italiane hanno l'aspirapolvere? (7%)
5 Tutte le famiglie italiane hanno la macchina? (50%)

Parole nuove: *frigo'rifero* Kühlschrank, un *aspira'polvere* Staubsauger, *'macchina da cucire* Nähmaschine

(§ 3)

E 74

Verbo irregolare: *vivere*

Formate una domanda

Carlo vive in America.
Vi è sempre vissuto?

1 Laura vive in Italia.
2 Viviamo in Francia.
3 Vivo in Germania
4 Bruno e Paolo vivono in Svizzera.
5 Chiara e Maria vivono in Spagna.

Rispondete alle domande

1 Ci sono molti alloglotti in Italia?
2 In Italia, l'uso locale dei dialetti è molto radicato?
3 Dove si parla il tedesco in Italia?
4 Dove si parla il francese in Italia?

Parola nuova: *carta* sulla carta d'Italia si possono vedere le regioni

28 La chiesa e lo stato

Esercizi

E 75 **Cambiate la frase**

Quanto discutono i tuoi amici!
Purché non discutano anche stasera!

1 Quanto telefona Anna!
2 Quanto chiacchierano quelle ragazze!
3 Quanto litigano quei ragazzi!
4 Quanto ride tua sorella!
5 Quanto suona la tua vicina!

Parola nuova: *chiacchierare, chi'acchiero* schwatzen, plaudern
(§ 53)

E 76 **Verbo irregolare:** *salire*

Completate la frase

Non salgono mai questa scala . . .
Non l'hanno mai salita.

1 Non sale mai questa scala . . .
2 Non saliamo mai questa scala . . .
3 Non salgo mai questa scala . . .
4 Non sali mai questa scala . . .
5 Non salite mai questa scala . . .

Rispondete alle domande

1 C'è libertà di religione in Italia?
2 Di che anno sono i Patti Lateranensi?
3 Qual'è la sola religione dello stato, in Italia?
4 Chi era il Capo del governo, allora?

5 Esiste il divorzio in Italia?
6 Cos'è il « progetto Fortuna »?
7 Quali partiti politici sono contro il « progetto Fortuna »?

29 La madre

Esercizi

E 77

Completate la frase

Non hai la possibilità ...
Se tu avessi la possibilità saresti il primo a farlo.

1 Non avete la possibilità ...
2 Non ho la possibilità ...
3 Non hanno la possibilità ...
4 Non ha la possibilità ...
5 Non abbiamo la possibilità ...

E 78

Verbo irregolare: *decidere*

Completate la frase

Alla fine si decise a dirglielo ...
ma si decide sempre troppo tardi.

1 Alla fine si decisero a riconsegnarle ...
2 Alla fine mi decisi a pagarli ...
3 Alla fine ti decidesti ad accontentarla ...
4 Alla fine vi decideste a venderlo ...
5 Alla fine ci decidemmo a comprarle ...

Rispondete alle domande

1 Chi condurrà il poeta sino al Signore?
2 Quale immagine usa il poeta per descrivere sua madre?
3 Secondo voi, qual'è il sentimento del poeta per la madre?

Parole nuave: un'*im'magine* nello specchio si vede la propria immagine, *sentimento* l'amore (Liebe) è un sentimento

30 Tradizione ed evoluzione

Esercizi

E 79

Trasformate la frase

Ci scrive sempre una lettera a Natale.
Non manca mai di scriverci una lettera a Natale.

1 Dice sempre delle sciocchezze quel ragazzo.
2 Si lamentano sempre quelle donne.
3 Ti ricatta sempre tua madre.
4 Ci confonde sempre la sua cieca obbedienza.
5 Si fa sempre sentire urlare tuo zio.

Parola nuova: *urlare* schreien, brüllen

(§ 56)

E 80

Verbo irregolare: *costringere*
Completate la frase

Ti costrinse ad andartene ...
Ti costringe sempre a fare quello che vuole lei.

1 Ci costrinse ad andarcene ...
2 Mi costrinse ad andarmene ...
3 Li costrinse ad andarsene ...
4 La costrinse ad andarsene ...
5 Vi costrinse ad andarvene ...

Cercate le parole

1 Una cosa che non si può *scindere* è *inscindibile*. Com'è una cosa che non si può *attaccare?*
2 E una cosa che non si può *credere?*
3 E una cosa che non si può *descrivere?*
4 Una persona che *lavora* si chiama *lavoratore* o *lavoratrice*. Come si chiama una persona che *fuma?*

Rispondete alle domande

1 In quale parte d'Italia è ancora molto forte l'idea tradizionale della famiglia?
2 Come descrive l'educazione materna, l'autore?
3 Qual'è il risultato della doppia tirannia del patriarcato e del mammismo?

4 Com'è considerato, ancora oggi, in molte località del sud, il lavoro per una donna?
5 Nel nord, la famiglia non è più considerata un nucleo chiuso ed inscindibile. Perché?
6 E nel sud, perché lo è ancora?
7 La provincia di Varese, il Varesotto, si trova nel Meridione o nel Settentrione?

31 La paura del divorzio

Esercizi

E 81

Completate la frase

Parla e si esalta . . .
Anzi più parla e più si esalta.

1 Studia ed è ignorante . . .
2 Dorme e si sente stanco . . .
3 Cresce e diventa cattivo . . .
4 Discute e si arrabbia . . .
5 Mangia e diventa magro . . .

Parole nuove: *esaltarsi* sich aufregen, *magro* mager, dünn

E 82

Completate la frase

I calabresi sono meridionali ed anche i siciliani.
Sia calabresi che siciliani sono meridionali.

1 I piemontesi sono settentrionali ed anche i veneti.
2 I fiorentini sono toscani ed anche i pisani.
3 Gli svedesi sono scandinavi ed anche i norvegesi.
4 L'italiano deriva dal latino ed anche il francese.
5 Carlo è nato a Roma ed anche Maria.

E 83

Trasformate la frase

È stato in Svezia. (l'unico)
È l'unico ad essere stato in Svezia.

1 È stata a Parigi. (la sola)
2 È stata scoperta. (la prima)
3 È stato superato. (l'ultimo)
4 È stato eletto. (il migliore)
5 È stato invitato. (l'unico)

(§ 58)

E 84

Verbo irregolare: *sciogliere*
Completate la frase
Sciogliesti il contratto con Carlo.
Lo sciogli anche con Giovanni.
1 Sciogliemmo il contratto con Carlo.
2 Sciolsi il contratto con Carlo.
3 Sciolsero il contratto con Carlo.
4 Sciolse il contratto con Carlo.
5 Scioglieste il contratto con Carlo.

Rispondete alle domande

1 Perché, secondo il prete, le sue parrocchiane sono contrarie al divorzio?
2 Perché, secondo l'autrice, le donne povere non vogliono il divorzio?
3 Cos'è il divorzio per le donne, nel nord?
4 E per le donne, nel sud?
5 Perché il divorzio è una cosa che riguarda sopratutto le donne?
6 Le donne ricche sentono meno il problema. Perché?

Parola nuova: un'*autrice* Elsa Morante è una famosa scrittrice italiana, autrice di « l'Isola di Arturo » ed altri libri

32 Le mamme

Esercizi

E 85

Rispondete alla domanda
Sono larghe le sue spalle?
Sì, ha le spalle larghe.

1 Sono lunghi i suoi capelli?
2 Sono stretti i suoi fianchi?
3 Sono corte le sue gambe?
4 Sono neri i suoi occhi?
5 È rosso il suo naso?

(§ 2)

E 86 **Trasformate la frase**

È venuto trenta minuti prima del previsto.
È venuto con trenta minuti d'anticipo.

1 Partono tre giorni prima del previsto.
2 Siamo arrivati un mese prima del previsto.
3 Terminerà un anno prima del previsto.
4 Si sposerà due settimane prima del previsto.
5 Ci lascerà qualche giorno prima del previsto.

E 87 **Verbo irregolare:** *sedere*

Completate la frase

Di solito non ci sediamo mai in chiesa . . .
ma oggi eravamo stanchi e ci siamo seduti.

1 Di solito non mi siedo mai in chiesa . . .
2 Di solito non ti siedi mai in chiesa . . .
3 Di solito non si siedono mai in chiesa . . .
4 Di solito non vi sedete mai in chiesa . . .
5 Di solito non si siede mai in chiesa . . .

Mettete la parola che manca

1 Guido è il figlio di ———— (nome).
2 La madre di Massimiliano si chiama ———— (nome).
3 Massimiliano ha le spalle meno ———— (aggettivo) di Guido.
4 Il più giovane dei due è ———— (nome).
5 ———— (nome) è il tipo nordico.
6 Guido ha le gambe più ———— (aggettivo) di Massimiliano.
7 In costume da bagno Massimiliano è bello come un ———— (nome).

Esercitazione

Recitate « Le mamme ».
Qual'è il tono di questo dialogo?

a serio
b satirico-umoristico
c assurdo

Perché? Spiegate la vostra scelta.

Parole nuove: *recitare, 'recito* al teatro recitano gli attori, *tono* Ton, *umo'ristico* humoristisch, *assurdo* absurd

33 Madre e figlia

Esercizi

E 88   **Completate la frase**

*Finalmente hai imparato il tedesco...
tu che avevi paura di non impararlo mai.*

1 Finalmente abbiamo imparato il francese...
2 Finalmente ho imparato l'italiano...
3 Finalmente hanno imparato lo spagnolo...
4 Finalmente Luigi ha imparato l'inglese...
5 Finalmente avete imparato il tedesco...

E 89   **Completate la frase**

*Non può uscire stasera...
Non fa in tempo a uscire stasera.*

1 Non possiamo mangiare stasera...
2 Non possono risolvere il problema stasera...
3 Non posso raccontarti ogni cosa stasera...
4 Non puoi finirlo stasera...
5 Non potete regolare il conto stasera...

(§ 57)

E 90   **Verbo irregolare:** *interrompere*

Completate la frase

*Lo interruppe sul più bello della discussione.
Non avrebbe dovuto interromperlo affatto.*

1 Mi interrompesti sul più bello della discussione.
2 Ci interruppero sul più bello della discussione.
3 Li interrompeste sul più bello della discussione.
4 Ti interruppi sul più bello della discussione.
5 Vi interrompemmo sul più bello della discussione.

Parola nuova: *sul più bello di* mitten in

Rispondete alle domande

1 La figlia disse alla madre che si era fidanzata. Come reagì la madre?
2 Con chi si era fidanzata la ragazza?
3 Cosa fa il suo fidanzato?

4 Nella stanza c'è una macchina da cucire e le forbici. Che mestiere fa la madre?
5 Perché la madre è così contraria al fidanzamento della figlia con l'autista?
6 Cosa pensate: è ricca o povera la madre?

Parole nuove: *reagire, reagisco* chi reagisce ha una reazione (Reaktion), *fidanzato* Verlobter, *fidanzata* Verlobte, *fidanzamento* Verlobung, un *mestiere* fare la sarta è un mestiere

34 Padre e figlio

Esercizi

E 91 **Completate la frase**

Massimiliano non ci dà più niente.
Non avremo più niente da parte sua.

1 Io non ti do più niente.
2 Noi non vi diamo più niente.
3 Tu non mi dai più niente.
4 Loro non gli danno più niente.
5 Voi non gli date più niente.

(§ 25)

E 92 **Completate la frase**

Non fai la lezione tutti i giorni.
Devi sforzarti di farla.

1 Non convinci la mamma.
2 Non hai capito il significato.
3 Non hai concluso l'affare.
4 Non risolvi questo problema oggi.

(§ 56)

E 93 **Trasformate la frase**

Chi lo dice mente.
Tutti coloro che lo dicono mentono.

1 Chi la incoraggia fa male.
2 Chi li riconsegna avrà un premio.

3 Chi le evita fa bene.
4 Chi lo capisce è bravo.
5 Chi l'assume è pazzo.

Parola nuova: *premio* Preis, Belohnung

(§ 30)

E 94

Trasformate la frase

Mi colpisce la sua risposta.
Quello che mi colpisce è la sua risposta.

1 Mi sorprende il suo discorso.
2 Mi sembra strano il suo atteggiamento.
3 Mi incanta la sua franchezza.
4 Mi meraviglia la sua ipocrisia.
5 Mi fa paura la sua falsità.

(§ 29)

E 95

Verbo irregolare: *concludere*

Completate la frase

Meno male che concluse quell'affare a Roma ...
Altrimenti non l'avrebbe mai concluso.

1 Meno male che concludemmo quell'affare a Roma ...
2 Meno male che conclusi quell'affare a Roma ...
3 Meno male che conclusero quell'affare a Roma ...
4 Meno male che concludesti quell'affare a Roma ...
5 Meno male che concludeste quell'affare a Roma ...

Parole nuove: *meno male che* es ist gut, daß, *altrimenti* sonst

Vi diamo il sostantivo. Trovate l'aggettivo con la stessa radice

1 Un uomo pieno di *franchezza* è ─────
2 Un posto pieno di *freschezza* è ─────
3 Nei giovani c'è un desiderio di *libertà*. Vogliono essere ─────
4 I giovani sono contro la *falsità* del mondo moderno. Non vogliono essere ─────
5 Una cosa che ha la sua *legittimità* è quindi ─────

Parola nuova: una *radice* Wurzel, Stamm

Rispondete alle domande

1 Com'è il padre in una famiglia-tipo dei nostri giorni?
2 Ed il figlio?
3 Secondo il figlio del Sig. Corbi, chi è fascista?
4 E qual'è il dovere dei padri?
5 Cosa sorprende e meraviglia il Sig. Gatto nei figli?
6 Com'è la realtà italiana, secondo lui?
7 I giovani hanno un desiderio di libertà morale o animale? Qual'è il parere del Sig. Spini?
8 Qual'è il « problema tecnico » di cui parla il Sig. Spini?

Esercitazione

Anche in Germania c'è uno stato di guerra aperta tra padri e figli? Anche in Germania i giovani hanno un modo di essere franco, fresco, libero, in contrasto con la realtà conformista ed ipocrita? Discutete.

35 Introduzione (Istruzione)

Rispondete alle domande

1 Quanti anni d'istruzione sono obbligatori in Italia?
2 Dove viene impartito l'insegnamento bilingue?
3 Quali sono i tre gradi dell'ordinamento didattico italiano?
4 Quali sono le cause principali della contestazione studentesca in Italia?

Esercitazione

Guardate lo schema del sistema scolastico italiano a pagina 58 del libro di testo e rispondete a queste domande:

1 Quando si comincia ad andare a scuola in Italia?
2 E in Germania?
3 Quali altre differenze trovate tra questo sistema e quello tedesco?
4 L'università dura 4, 5 o 6 anni. Da che cosa dipende?
5 Che tipo di indirizzo scegliereste?

Parole nuove: uno *schema* Schema, *differenza* Unterschied, *indirizzo* Adresse, hier: Studienrichtung

36 Tutto da riformare

Esercizi

E 96 **Trasformate la frase**

Quale che sia la loro provenienza devono studiare.
Qualunque sia la loro provenienza devono studiare.

1 Quale che sia la loro età devono venire.
2 Quale che sia la sua capacità deve far da sola.
3 Quale che sia il suo passato va perdonata.
4 Quale che sia la sua decisione deve farcela sapere.
5 Quale che sia il suo piano non deve nasconderlo.

Parola nuova: *capacità* Fähigkeit

(§ 37)

E 97 **Formate una frase**

È stato bocciato. Non si era preparato.
Non essendosi preparato, è stato bocciato.

1 È stata eliminata. Non si era presentata.
2 È stato poco apprezzato. Non si era spiegato.
3 È stata licenziata. Non si era accontentata.
4 È stato sorpreso. Non si era informato.
5 È stata sostituita. Non si era cambiata.

(§§ 63, 66)

E 98 **Rispondete alla domanda**

Chi vi assiste?
Finora non si è assistiti da nessuno.

1 Chi vi ascolta?
2 Chi vi capisce?
3 Chi vi cerca?
4 Chi vi conosce?
5 Chi vi crede?

Parola nuova: *as'sistere* beistehen

(§ 66)

E 99 **Verbo irregolare: *rimanere***

Completate la frase

Rimane troppo spesso a cena...
Sarebbe meglio se non ci rimanesse mai.

1 Rimangono troppo spesso a pranzo...
2 Rimango troppo spesso a casa tua...
3 Rimanete troppo spesso a colazione...
4 Rimani troppo spesso a cena...
5 Rimaniamo troppo spesso da loro...

Rispondete alle domande

1 Cosa sarebbe il riformismo all'italiana?
2 Qual'è il diritto che tutti devono avere, quale che sia la loro provenienza sociale?
3 Cosa bisogna eliminare?
4 Da che cosa è destinata ad essere sostituita la didattica tradizionale nell'università?
5 Come si trova lo studente universitario di primo anno?
6 E perché?
7 Qual'è la causa di molte bocciature e frustrazioni all'università?
8 Come si possono riformare gli esami?
9 Una scuola migliore di quella attuale, come dovrebbe essere?
10 Qual'è il compito primo della scuola?

Esercitazione

Uno studente viene intervistato da un giornalista.
1 Il giornalista: Si può cambiare tutto in una volta?
Lo studente:
2 Il giornalista: Il liceo, oggi, prepara lo studente alla ricerca, alla discussione critica?
Lo studente:
3 Il giornalista: Si può giungere all'abolizione degli esami?
Lo studente:
4 Il giornalista: Ma una riforma degli esami senza una riforma della scuola ha senso?
Lo studente:
5 Il giornalista: Lei è per una scuola a **tempo pieno**?
Lo studente:

37 Lettera a una professoressa

Esercizi

E 100 Rispondete alla domanda
Chi ha bocciato?
Ne ha bocciati tanti.
1 Chi ha lasciato?
2 Chi ha osservato?
3 Chi ha dimenticato?
4 Chi ha intimidito?
5 Chi ha respinto?
(§ 65)

E 101 Trasformate la frase
Quando ero ragazzo andavo a scuola.
Da ragazzo andavo a scuola.
1 Quando eravamo grandi studiavamo molto.
2 Quando erano giovani si divertivano molto.
3 Quando eri bambino eri più contento.
4 Quando era vecchio guadagnava poco.
5 Quando eravate piccoli piangevate sempre.

E 102 Verbo irregolare: *respingere*
Completate la frase
Lo respinse perché era immaturo.
L'ha respinto solo per questa ragione.
1 Lo respingemmo perché era immaturo.
2 Lo respinsero perché era immaturo.
3 Lo respingesti perché era immaturo.
4 Lo respinsi perché era immaturo.
5 Lo respingeste perché era immaturo.

Rispondete alle domande
1 Il ragazzo che scrive la lettera è stato bocciato a scuola?
2 Che tipo di scuola faceva?
3 È un ragazzo sicuro di sé?
4 Abita in città o in montagna?
5 È povero o ricco?
6 Il ragazzo parla della timidezza dei poveri. Cos'è, secondo lui?

Ricerca

Questa lettera è un'accusa. Non contro una sola professoressa ma contro tutta un'istituzione che intimidisce chi è già timido e respinge chi è nato povero. Cercate le frasi che parlano della timidezza dei poveri.

Parola nuova: *accusa* Anklage

38 / due fratelli

Esercizi

E 103

Trasformate la frase

Cerco d'impararlo mentre lo leggo.
Cerco d'impararlo leggendolo.

1 Cerco di stare serio mentre la guardo.
2 Cerco di capirli mentre li ascolto.
3 Cerco di conoscerla mentre le parlo.
4 Cerco di incoraggiarlo mentre gli telefono.
5 Cerco di spiegarglielo mentre l'accompagno.

E 104

Completate la frase

Non ti riposavi?
Pareva che ti stessi riposando.

1 Non ti orientavi?
2 Non vi alzavate?
3 Non si rendeva conto?
4 Non si muovevano?
5 Non vi svegliavate?

(§ 64)

E 105

Rispondete alla domanda

Parlavi ad un amico?
No, ma era proprio come se parlassi ad un amico.

1 Discutevi con tuo figlio?
2 Venivi controllato?
3 Eri in casa tua?
4 Avevi paura?
5 Andavi a piedi?

(§ 53)

E 106 **Verbo irregolare:** *stare*
Completate la frase

Stette proprio male quel giorno . . .
e pensare che di solito sta benissimo.

1 Stettero proprio male quel giorno . . .
2 Stetti proprio male quel giorno . . .
3 Stemmo proprio male quel giorno . . .
4 Stesti proprio male quel giorno . . .
5 Steste proprio male quel giorno . . .

Rispondete alle domande

1 Uno dei fratelli prese in mano un libro francese. Chi è l'autore del libro?
2 L'altro fratello, come cerca d'imparare il francese?
3 In quali materie è stato bocciato uno dei due?
4 Cosa ha detto il padre a proposito?
5 Uno dei due, improvvisamente, arrossì. Perché?
6 Conoscete qualche altro libro di Pratolini?

Parola nuova: *a pro'posito* dazu, zu diesem Thema

39 Introduzione (La stampa)

Esercizi

E 107 **Rispondete alla domanda**

Ha cinquant'anni?
Mah, penso che abbia più di cinquant'anni.

1 Ne ha venduti dieci?
2 Ne ha comprate due?
3 Ne ha registrati mille?
4 Ne ha pubblicati venti?
5 Ne ha letti cinque?

(§ 49)

E 108   **Verbo irregolare: *spendere***
Completate la frase

Spese centomila lire . . .
ma le ha spese bene.

1 Spendeste duemila lire . . .
2 Spesero diecimila lire . . .
3 Spesi seicentomila lire . . .
4 Spendesti cinquantamila lire . . .
5 Spendemmo dieci milioni . . .

Scegliete la risposta corretta

1 Il quotidiano più diffuso in Italia è
  a Il Giorno
  b Il Messaggero
  c Il Corriere della Sera

2 L'Espresso è
  a un fumetto
  b un quotidiano
  c un settimanale

3 Il Corriere della Sera è un quotidiano
  a di estrema destra
  b di destra
  c di sinistra

4 Le famiglie italiane che non hanno un libro che non sia scolastico sono il
  a 64,3 %
  b 27,8 %
  c 7,9 %

5 L'Italia fa parte
  a dell'EFTA
  b del MEC
  c del Patto di Varsavia

Parola nuova: *Var'savia* è la capitale della Polonia (Polen)

Ricerca

Mettete tra parentesi le cifre corrispondenti tedesche usando un'enciclopedia. Traete le conclusioni.
L'Italia ha 54 milioni (   ) di abitanti.

Il quotidiano più diffuso, il Corriere della Sera (   ),
ha una tiratura di circa 462 000 (   )
copie.
Una famiglia italiana spende in media all'anno per la
lettura circa 25 000 (   ) lire.
In Italia, il reddito medio pro capite all'anno era nel 1966 di
638 000 (   ) lire.

Parole nuove: una *pa'rentesi* (questo è scritto tra parentesi), *corrispondente* participio presente di *corris'pondere* entsprechen, una *conclusione* Schlußfolgerung, *pro 'capite* pro Kopf

40 Dai giornali

Rispondete alle domande

1 Il primo ritaglio parla del nuovo rito per il matrimonio. Invece del rituale *sì*, cosa diranno gli sposi prima dello scambio degli anelli?
2 Di quale « monumento » si parla nel secondo ritaglio?
3 Ce ne sono molti di questi « monumenti » a Roma?
4 Vi piacerebbero le gondole a motore? Perché?

Parola nuova: *ri'taglio* Ausschnitt

Ricerca

Comprate qualche giornale o settimanale italiano e ritagliate gli articoli o le lettere al direttore od altre cose che vi sembrano interessanti. Leggete i ritagli agli altri e discutetene.
Trovate che il giornale italiano sia fatto diversamente da quello tedesco?
Se rispondete sì, perché?

Parola nuova: *ritagliare* fare dei ritagli

41 Il cinema in tasca

Esercizi

E 109 **Rispondete alla domanda**
Hai tolto il libro a Guido?
No, non gliel'ho tolto.
1 Hai preso i fumetti a Chiara?
2 Hai portato via le chiavi a Giorgio?
3 Hai levato la bambola a Chiara?
4 Hai tolto i soldi ai ragazzi?
5 Hai preso il giornale alle ragazze?

Parola nuova: *levare* togliere

E 110 **Verbo irregolare: *togliere***
Rispondete alla domanda
Hai dato il libro a Giovanni?
Sì, ma poi gliel'ho tolto.
1 Darai il libro a Maria?
2 Avevi dato il libro a Giorgio?
3 Dai il libro ai ragazzi?
4 Bisogna che tu dia il libro a Chiara?
5 Desti il libro a Giovanni?

Rispondete alle domande
1 Perché i fotoromanzi vengono chiamati fumetti?
2 I fumetti descrivono gente normale o casi-limite?
3 Cosa c'è nel sopramondo dei fumetti?
4 Perché hanno una diffusione impressionante?
5 Quali sono i due elementi che non mancano mai?
6 Anche in Germania c'è una diffusione impressionante di fotoromanzi?

42 In Italia si legge poco

Esercizi

E 111 **Completate la frase**

Non legge mai un giornale.
Il fatto che legga così poco non è giustificabile.
1 Non mangiate mai la sera.
2 Non dorme mai la notte.
3 Non spendono mai una lira.
4 Non osservate mai bene.
5 Non spiegano mai la lezione.

Parola nuova: *giustifi'cabile* entschuldbar

E 112 **Verbo irregolare: *esprimere***
Completate la frase

Espresse chiaramente la sua opinione.
Non si è mai espresso meglio.
1 Esprimemmo chiaramente la nostra opinione.
2 Espressi chiaramente la mia opinione.
3 Esprimeste chiaramente la vostra opinione.
4 Espressero chiaramente la loro opinione.
5 Esprimesti chiaramente la tua opinione.

Vi diamo il verbo. Trovate il sostantivo con la stessa radice

1 Bisogna *notare* che il giornale era del primo mattino. Bisogna prendere — di questo fatto.
2 Due pericolosi banditi sono stati *arrestati*. La notizia dell' — è in prima pagina.
3 Il giornalista ha *passeggiato* per le vie del centro. La sua — è stata interrotta continuamente.
4 Si può *considerare* questo fatto da più punti di vista. Ma la — generale è già scontata.

Rispondete alle domande

1 Il giornalista ha comprato un giornale. Dove lo ha comprato?
2 Come teneva in mano il giornale, il giornalista?
3 Dov'è andato?

4 Cosa c'èra in prima pagina?
5 Chi lo ha fermato?
6 E perché?
7 Il giornalista fa una considerazione a proposito dei giornali in Italia. Quale?
8 Gli italiani leggono molto?
9 Un solo giornale si avvicina al mezzo milione di copie giornaliere? Quale?
10 In totale quante copie si leggono?
11 La Germania ha una tiratura giornaliera di circa 20 milioni di copie. È molto o poco?
12 L'italiano medio compra pochi giornali ma spesso riesce a leggerli lo stesso. Come?
13 Quali sono i luoghi classici della lettura collettiva gratuita?
14 In qualche paese della Campania si può anche prendere in affitto il giornale. La Campania sta nell'Italia del Nord o del Sud?

43 Introduzione (La pubblicità)

Esercizi

E 113

Rispondete secondo il modello seguente

Parla più piano!
Ma io parlo il più piano possibile.

1 Ascolta più attentamente!
2 Guida più prudentemente!
3 Corri più forte!
4 Torna più spesso!
5 Rispondi più educatamente!

(§ 6)

E 114

Verbo irregolare: *persuadere*

Completate la frase

Non ti persuadesti che aveva ragione.
Non te ne persuaderai mai.

1 Non si persuasero che aveva ragione.
2 Non mi persuasi che aveva ragione.
3 Non ci persuademmo che aveva ragione.
4 Non si persuase che aveva ragione.
5 Non vi persuadeste che aveva ragione.

Vi diamo il sostantivo. Trovate il verbo con la stessa radice

1 Vorrei un *consiglio*. Mi può — un quotidiano da leggere?
2 Ho ricevuto un *invito*. Un amico mi ha — a casa sua a vedere la televisione.
3 Bisogna fare una *scelta*. Devi — il detersivo che ti piace di più.
4 La *pubblicazione* del libro avverrà fra poco. Sarà — anche all'estero.

Parola nuova: *avvenire*. geschehen, stattfinden

Rispondete alle domande

1 Dove si possono trovare i manifesti pubblicitari?
2 Dite il nome di qualche professione « pubblicitaria ».
3 Cos'è un carosello televisivo?
4 Chi è Rita Pavone?
5 Chi era Salvatore Quasimodo?

Ricerca

Con Quasimodo, l'Italia ha avuto, per la 4ª volta, il Premio Nobel per la letteratura. Chi sono gli altri tre Premio Nobel?
Consultate un'enciclopedia.
Scegliete tra:

a Moravia   e Pratolini
b Deledda   f Carducci
c Pirandello   g D'Annunzio

Parola nuova: *letteratura* Literatur

Esercitazione

La pubblicità condiziona tutta la nostra vita. La troviamo dappertutto. Ce n'è veramente bisogno? Cosa ne pensate?

44 Calimero

Esercizi

E 115 Rispondete alla domanda

È grigia la sua cravatta?
Sì, è proprio tutta grigia.

1 È verde il suo vestito?
2 È rossa la loro automobile?
3 Sono nere le tue scarpe?
4 Sono marrone i tuoi guanti?
5 Sono bianchi i suoi capelli?

(§ 39)

E 116 Sostituite al verbo *andare* il verbo *venire*

Vai a casa di Maria alle otto?
Vieni a casa di Maria alle otto?

1 Andiamo insieme al cinema.
2 Vado a prendere la mamma in centro.
3 Andate spesso a teatro?
4 Va sempre a fare la spesa da sola.
5 Vanno al mare in agosto.

E 117 Verbo irregolare: *cadere*

Completate la frase

Cadesti dal primo piano.
Se tu fossi caduto dal terzo saresti morto.

1 Cademmo dal primo piano.
2 Caddi dal primo piano.
3 Caddero dal primo piano.
4 Cadde dal primo piano.
5 Cadeste dal primo piano.

Rispondete alle domande

1 Chi sono i personaggi di questo testo?
2 Dove si trova Calimero?
3 Perché è tanto triste?
4 Quale consiglio dà la civetta a Calimero?
5 Di che colore è Calimero quando cade nella pozza d'acqua?

6 E quando esce?
7 Chi incontra Calimero?
8 Cosa gli dice lo scoiattolo?
9 Perché Calimero non è più triste?
10 Cosa c'era nella pozza d'acqua?

45 Introduzione (Il cinema)

Mettete la parola che manca

1 Con la nascita del — (sostantivo) il cinema italiano si è imposto all'attenzione del mondo.
2 Questa scuola si formò nella lotta — (aggettivo).
3 Nel 1945 furono presentati per esempio « Roma, città aperta » di — (nome), e « Ladri di biciclette » di — (nome).
4 Come uno dei dodici film migliori di tutti i tempi è stato scelto recentemente — (nome).
5 Fellini ed — (nome) sono due grandi registi italiani di oggi.

46 «Dialoghetto» sul cinema e il teatro

Esercizi

Formate una domanda

Giorgio e Chiara sono molto intelligenti.
Chi è più intelligente, Giorgio o Chiara?

1 Pietro e Guido sono molto poveri.
2 Il cinema e il teatro sono molto interessanti.
3 Il vento e la nebbia sono molto noiosi.
4 Visconti e De Sica sono molto conosciuti.
5 La storia e la matematica sono molto complicate.

(§ 6)

E 119

Verbo irregolare: *ridere*

Completate la frase

Oh! quanto ridesti nel vederlo ...
Non riderai più così.

1 Oh! quanto ridemmo nell'ascoltarla ...
2 Oh! quanto rise nel sentirla parlare ...
3 Oh! quanto risero nel salutarli ...
4 Oh! quanto risi nel raccontarla ...
5 Oh! quanto rideste nel vederlo ...

Rispondete alle domande

1 Pier Paolo Pasolini ha un dialogo con Ninetto, uno dei protagonisti del suo film « Porcile ». Dove si trovano?
2 Che tempo fa?
3 Perché Ninetto si sente più vero come attore di teatro che come attore di cinema?
4 Cos'è un porcile?
5 Conoscete qualche altro film di Pasolini?

Ricerca

Trovate nel dialogo espressioni tipiche della tecnica cinematografica.

Parola nuova: *'tecnica* Technik

47 Una sceneggiatura

Esercizi

E 120

Trasformate la frase

Credevo che tu fossi a Firenze.
Ti credevo a Firenze.

1 Credevo che foste a Milano.
2 Credevo che fossero in Sicilia.
3 Credevo che io fossi coraggiosa.
4 Credevo che fosse sposata.
5 Credevo che fossero alzate.

(§ 57)

E 121

Completate la frase

Perde sempre tempo.
Forse fa apposta a perdere tempo.

1 Arriva sempre tardi.
2 Sembrate sempre stanche.
3 Vengono sempre all'improvviso.
4 Ha sempre paura.

(§ 57)

E 122

Formate una domanda

Bisogna abituarsi a mangiare poco. E tu?
Ti ci sei abituato a mangiare poco? (E lui? Ci si è abituato...?)

1 Bisogna abituarsi a fare tutto in casa. E voi?
2 Bisogna abituarsi a sentirlo piangere. E lei?
3 Bisogna abituarsi a dormire fino alle dieci. E loro?
4 Bisogna abituarsi a lavorare parecchio. E lui?
5 Bisogna abituarsi a riposarsi un po' di più. E tu?

(§§ 24, 57)

E 123

Verbo irregolare: *andare*

Completate la frase

Se ne andò senza dire una parola.
Se ne va sempre così.

1 Me ne andai senza dire una parola.
2 Se ne andarono senza dire una parola.
3 Te ne andasti senza dire una parola.
4 Ce ne andammo senza dire una parola.
5 Ve ne andaste senza dire una parola.

Rispondete alle domande

1 Descrivete Anna.
2 Cosa fa?
3 Chi incontra?
4 Anna ha fretta. Dove deve andare?
5 Il padre è contento della partenza di Anna?
6 Starà via per molto tempo, Anna?
7 Che mestiere ha fatto il padre?
8 Chi è Sandro?
9 Sandro vuole sposare Anna, secondo il padre?
10 Anna vuole sposare Sandro?

11 Claudia, l'amica di Anna, è bruna come lei?
12 È più giovane di Anna?
13 È ricca o povera Anna? Da cosa lo potete sapere?
14 Chi è Alvaro?

Parole nuove: *contento* quando uno è contento non è triste, *partenza* il contrario dell'arrivo

Esercitazione

Sapreste raccontare l' « Avventura »? Se non avete visto questo film, sapreste raccontare un altro film di Antonioni? O di un altro regista italiano?

48 Introduzione (La Radio Televisione)

Rispondete alle domande

1 Oggi, con l'avvento della televisione, la radio è ascoltata da pochi. Da chi, per esempio?
2 Quanti programmi (canali) ha la televisione italiana?

49 Intervista con un «divo» della TV

Esercizi

E 124   **Formate una frase**

Il programma doveva esser trasmesso alle dieci. Invece è stato trasmesso alle due.
Allora è stato trasmesso con quattro ore di ritardo.

1 Doveva tornare lunedì. Invece è tornato venerdì.
2 Il libro doveva uscire nel 1966. Invece è uscito nel 1970.
3 Doveva arrivare il primo agosto. Invece è arrivato il primo novembre.
4 Doveva partire alle sei. Invece è partito alle undici.

E 125   **Completate la frase**

Quel cappello non appartiene a me.
Davvero non è mio.

1 Quella bicicletta non appartiene a lui.
2 Quei libri non appartengono a te.

3 Quell'apparecchio non appartiene a noi.
4 Quell'orologio non appartiene a lei.
5 Quella macchina non appartiene a loro.

(§ 25)

E 126 **Trasformate la frase**

Non ho mai imparato le battute a memoria.
Le battute non le ho mai imparate a memoria.

1 Non ho mai guardato il programma.
2 Non ho mai fatto quella telefonata.
3 Non ho mai visto quei comici.
4 Non ho mai firmato quella lettera.
5 Non ho mai letto quelle interviste.

(§ 65)

E 127 **Verbo irregolare:** *essere*

Trasformate la frase

Sanno che sarò impegnato.
Sapevano che sarei stato impegnato.

1 Sanno che saremo impegnati.
2 Sanno che sarai impegnata.
3 Sanno che sarà impegnato.
4 Sanno che sarete impegnate.
5 Sanno che saranno impegnati.

Rispondete alle domande

1 Cos'è « Canzonissima »?
2 Quando viene mandata in onda?
3 Da chi è presentata?
4 Una volta la trasmissione ebbe un ritardo di 40 minuti. Quale fu la reazione del pubblico?
5 Chi fu indicato come il responsabile del ritardo?
6 Secondo Walter Chiari la reazione del pubblico fu sproporzionata?
7 Perché Walter Chiari fu solo in parte responsabile del ritardo?
8 Perché non era riuscito a imparare a memoria uno sketch?
9 Che tipo di teatro fa Walter Chiari?
10 Impara sempre le battute a memoria?

Ricerca

Da questa intervista Walter Chiari sembrerebbe un tipo piuttosto presuntuoso. Trovate le frasi che danno questa impressione.

Parola nuova: *presuntuoso* il contrario di modesto

SABATO 19

PRIMO CANALE
13: Oggi le comiche: « Charlot ladro », con Charlie Chaplin, Edna Purviance, Wesley Ruggles, Leo White. « Sinfonia bizzarra ».
13,25: Previsioni del tempo.
13,30: Telegiornale.
14: Giochi della XIX Olimpiade.
16,30: Per i più piccini: Giocagiò - Segnale orario.
17: Giochi della XIX Olimpiade.
18,05: Estrazioni del lotto.
18,10: La TV dei ragazzi: Chissà chi lo sa? Spettacolo di indovinelli.
19,10: Sette giorni al Parlamento.
19,35: Tempo dello spirito.
19,45: Telegiornale sport - Segnale orario - Cronache del lavoro e dell'economia.

20,30: Telegiornale.
21: Canzonissima '68. Spettacolo abbinato alla lotteria di Capodanno, con Mina, Walter Chiari e Paolo Panelli.
22,15: Linea contro linea. Settimanale di cose varie.
23: Telegiornale.
23,30: Giochi della XIX Olimpiade.

SECONDO CANALE
18,05: Giochi della XIX Olimpiade.
21: Segnale orario - Telegiornale.
21,15: Una serata con Ray Bradbury.
22,05: Giochi della XIX Olimpiade.

Esercitazione

1 Che programma c'è alle 21, nel Primo Canale?
2 E alle 23?
3 C'è anche un film di Charlie Chaplin. A che ora?

Parola nuova: *telegiornale* Tagesschau

50 I giovani intervistano Gianni Morandi

Esercizi

E 128 **Rispondete alla domanda**

Avete una nuova macchina?
No, abbiamo la stessa macchina di prima.

1 Porta nuovi occhiali?
2 Fate una nuova domanda?

3 Canta nuove canzoni?
4 Lancia un nuovo messaggio?
5 Sollevate un nuovo problema?

(§ 38)

E 129   **Rispondete alla domanda**

È vero che tu l'abbia detto, Maria?
Sì, l'ho detto io stessa.

1 È vero che l'abbiate detto, ragazzi?
2 È vero che l'abbia detto Luigi?
3 È vero che l'abbiamo detto?
4 È vero che loro l'abbiano detto?
5 È vero che Chiara l'abbia detto?

(§ 12)

E 130   **Verbo irregolare: *piacere***

Sostituite il verbo *piacere* al verbo *garbare*

Agli italiani non garbano queste cose.
Agli italiani non piacciono queste cose.

1 Ai giovani non garbarono queste cose.
2 Agli adulti non sono mai garbate queste cose.
3 Bisogna che queste cose garbino a tutti.
4 Penso che ai tedeschi garberanno queste cose.
5 Agli italiani non garbavano queste cose.

Rispondete alle domande

1 Chi è Gianni Morandi?
2 Cosa debbono fare i cantanti quando c'è il play-back?
3 Cosa riprova Gianni Morandi?
4 Come si sente?
5 Che tipo di canzoni canta?
6 Secondo Gianni Morandi, come deve essere una canzone?
7 E secondo i giovani che lo intervistano?
8 Quali problemi solleva la musica « folk »?
9 Conoscete qualche altro cantante italiano?
10 Chi è il vostro cantante preferito?

Esercitazione

Trovate che la fotografia a pagina 39 sia adatta ad illustrare «gli italiani»? Spiegatevi.

53 La Ciociara

Esercizi

E 131 **Rispondete alla domanda**

Arriverà lunedì?
Almeno lo disse che sarebbe arrivato lunedì.

1 Scenderanno tutti?
2 Starà in montagna da sola?
3 Si fermeranno qualche giorno?
4 Rimarrà da noi?
5 Si abitueranno?

(§ 48)

E 132 **Completate la frase**

Rido troppo . . .
ma non posso fare a meno di ridere.

1 Cammina troppo . . .
2 Bevono troppo . . .
3 Cantiamo troppo . . .
4 Si muove troppo . . .
5 Si scrivono troppo . . .

(§ 56)

E 133 **Rispondete alla domanda**

E le valigie chi le porterà? (noi)
Le porteremo noi le valigie.

1 E il pacchetto chi lo aprirà? (io)
2 E la borsa chi la cercherà? (lei)
3 E i posti chi li prenoterà? (loro)
4 E la casa chi la pulirà? (tu)
5 E il ladro chi lo denuncerà? (voi)

Parola nuova: *denunciare, de'nuncio* anzeigen

E 134 **Aggiungete una frase**

Luigi comprò due gettoni.
Anch'io ne comprai uno.
1 Rosetta trovò tre fotografie.
2 Il dottor Paoli spedì due raccomandate.
3 Cristina lesse due fotoromanzi.
4 Mario vide due giraffe.
5 Ninetto conobbe tre francesine.
(§ 22)

E 135 **Verbo irregolare:** *scendere*
Completate la frase

Già da giovane scendeva le scale in quattro e quattr'otto...
Non le ha mai scese piano piano.
1 Già da giovani scendevano le scale in quattro e quattr'otto...
2 Già da giovane scendevi le scale in quattro e quattr'otto...
3 Già da giovani scendevamo le scale in quattro e quattr'otto...
4 Già da giovane scendevo le scale in quattro e quattr'otto...
5 Già da giovani scendevate le scale in quattro e quattr'otto...

Parola nuova: *in quattro e quattr'otto* in breve spazio di tempo

Cercate le parole

1 Un piccolo viaggio si chiama *viaggetto*. Come si chiama una piccola casa?
2 Trovate nel racconto altre parole di questo tipo.
3 Un piccolo studente si chiama *studentello*. Come si chiama una piccola signorina?
4 Trovate nel racconto altre parole di questo tipo.

Rispondete alle domande

1 In quale regione italiana ci troviamo in questo testo?
2 Chi sono i personaggi del racconto?
3 Dove stavano andando?
4 È tempo di guerra. Da cosa lo potete capire?

5 Che tempo faceva?
6 Il treno stava fermo. Cosa facevano le due donne mentre aspettavano che si muovesse?
7 Cosa si vedeva attraverso i finestrini?
8 Era d'estate?
9 Dove era nata la madre?
10 Come descrive la campagna?
11 Da dove sono venute, madre e figlia?
12 C'era qualcuno alla stazione?
13 Come portavano le valigie?
14 Cosa portava Rosetta?
15 Come bisognava camminare?
16 Le due donne camminavano sull'orlo della strada dove cresceva un po' d'erba. Perché?
17 Cos'è una ciociara?
18 Conoscete qualche altro libro di Moravia?

54 Due amiche a Pisa

Esercizi

E 136

Completate la frase

Non vi metteste le scarpe . . .
ve le levaste.

1 Non si mise le calze . . .
2 Non si misero i guanti . . .
3 Non mi misi il cappotto . . .
4 Non ci mettemmo i cappelli . . .
5 Non ti mettesti la camicetta . . .

E 137

Rispondete alla domanda

Aveva aspettato parecchio?
Sì, era un bel po' che aspettava.

1 Avevi cercato parecchio?
2 Aveva pianto parecchio?
3 Avevano discusso parecchio?
4 Avevate camminato parecchio?
5 Avevi dormito parecchio?

(§ 43)

E 138 **Trasformate la frase**
Non mi faccio illusioni.
Non mi sono mai fatta illusioni.
1 Non mi ricordo il numero.
2 Non mi do pace.
3 Non mi chiedo il perché.
4 Non mi dimentico il suo viso.
5 Non mi aspetto niente di buono da lei.
(§ 66)

E 139 **Formate una frase**
Non viene più. Si è sposata.
Da quando si è sposata non viene più.
1 Non litiga più. Si è calmata.
2 Non discute più. Si è arrabbiata.
3 Non esce più. Si è separata.
4 Non mi parla più. Si è seccata.
5 Non corre più. Si è slogato una caviglia.

Parole nuove: *slogarsi* verstauchen, *ca'viglia* Knöchel

E 140 **Verbo irregolare: *condurre***
Trasformate la frase
Non ce lo conduco sempre io.
Ce lo condussi quella volta perché me lo chiese.
1 Non ce lo conduce sempre Giorgio.
2 Non ce lo conducono sempre loro.
3 Non ce lo conduci sempre tu.
4 Non ce lo conducete sempre voi.
5 Non ce lo conduciamo sempre noi.

Rispondete alle domande
1 Come si chiamano le due amiche?
2 Una delle due lavorava. Da cosa lo potete capire?
3 Perché Irma venne in ritardo?
4 Cosa fece nella camera di Bruno?
5 Chi le aveva regalato il capotto?
6 Perché Irma voleva bere?
7 Quale monumento aveva visto Irma?

8 Perché l'acqua era sporca?
9 Anna aveva sempre abitato in città. Ed Irma?
10 Cosa disse Irma della vita in città?
11 Anche Anna tornò a casa. Perché?

55 Maledetti toscani

Esercizi

E 141 **Trasformate la frase**

È difficile essere bravo.
È cosa difficile l'essere bravo.

1 È importante studiare.
2 È bello vedere Firenze di notte.
3 È divertente andare ad un ballo.
4 È interessante prender parte ad un congresso.
5 È simpatico suonare la chitarra.

(§§ 54, 61)

E 142 **Trasformate la frase**

È vero che nessuno ci vuol bene . . .
ma non ce ne importa nulla.

1 È vero che nessuno vuol bene a Carlo . . .
2 È vero che nessuno vi vuol bene . . .
3 È vero che nessuno mi vuol bene . . .
4 È vero che nessuno vuol bene a quei ragazzi . . .
5 È vero che nessuno ti vuol bene . . .

(§§ 22, 35)

E 143 **Completate la frase**

Gli altri ridono . . .
e noi stiamo a guardarli ridere.

1 Rosetta piange . . .
2 Il bambino gioca . . .
3 Le signore si divertono . . .
4 I tuoi amici partono . . .
5 La ragazza straniera beve . . .

(§ 55)

E 144 **Completate la frase**
Oggi sono in pochi a venire.
Comunque basta che venga anche uno solo.
1 Oggi sono in pochi a partire.
2 Oggi sono in pochi a rimanere.
3 Oggi sono in pochi a uscire.
4 Oggi sono in pochi a scusarsi.
5 Oggi sono in pochi a scendere.
(§ 50)

E 145 **Trasformate la frase**
Guarda sempre intorno a sé.
Si guarda sempre intorno.
1 Guardiamo sempre intorno a noi.
2 Guardo sempre intorno a me.
3 Guardano sempre intorno a loro.
4 Guardi sempre intorno a te.
5 Guardate sempre intorno a voi.
(§ 18)

E 146 **Verbo irregolare:** *potere*
Completate la frase
Non potrò venire.
Almeno non so ancora se posso venire.
1 Non potranno venire.
2 Non potremo venire.
3 Non potrete venire.
4 Non potrai venire.
5 Non potrà venire.

Rispondete alle domande

1 Come si chiama una persona che abita in Lombardia?
2 E una persona che abita in Piemonte?
3 Perché è difficilissimo esser toscano, secondo Malaparte?
4 Perché tutti hanno i toscani in sospetto, secondo lui?
5 Se un toscano prende parte ad un funerale, come diventa questo funerale?

6 Un generale parla ai suoi soldati di gloria. Fra i soldati, nell'ultima fila, c'è un toscano che lo guarda. Come reagisce il generale?
7 Come vincono le battaglie gli italiani, secondo Malaparte?
8 In quale città si trova il Palazzo Vecchio? (Palazzo Venezia sta a Roma).

56 In un negozio fiorentino

Esercizi

E 147

Mettete la frase all'imperativo

Perché non mi ubbidisci mai, Franco?
Ubbidiscimi!

1 Perché non spazzi la scala?
2 Perché non gli parli un po'?
3 Perché non le racconti il fatto?
4 Perché non chiudi lo sportello?
5 Perché non mi dici la verità?

E 148

Mettete la frase all'imperativo

Lasci sempre cadere la paletta.
Non lasciarla cadere anche questa volta!

1 Fai sempre ridere le persone.
2 Spargi sempre la cenere sul pavimento.
3 Resti sempre fuori.
4 Svuoti sempre il sacco.
5 Perdi sempre la pazienza.

E 149

Rispondete alla domanda

Dove stai di casa?
Come, non sai neanche dove io stia di casa?

1 Dove stanno di casa i signori Paoli?
2 Dove sta di casa Adamo?
3 Dove state di casa, ragazze?

(§ 51)

E 150 **Trasformate la frase**

Se non avesse ritirato la mano, gliela avrebbe morsa.
Se non ritirava la mano, gliela mordeva.

1 Se non avesse fatto in tempo, gli avrebbe telefonato.
2 Se non avessero risparmiato, glielo avrebbero scritto.
3 Se non avessimo concluso l'affare, glielo avremmo detto.
4 Se io non avessi incontrato Carlo, glielo avrei fatto sapere.
5 Se non aveste approfittato dell'occasione, glielo avreste fatto capire.

(§ 44)

E 151 **Verbo irregolare:** *spargere*
Trasformate la frase

Ha sparso la cenere sul pavimento.
A casa sua non la sparge mai sul pavimento.

1 Hanno sparso la cenere per terra.
2 Ho sparso la cenere sul tappeto.
3 Avete sparso la cenere dappertutto.
4 Hai sparso la cenere sul tavolo.
5 Abbiamo sparso la cenere per le scale.

Rispondete alle domande

1 Chi sono i protagonisti di questo racconto?
2 Dove sono?
3 Descrivete il ragazzo?
4 Come si divertiva il ragazzo?
5 Era fiorentino, il ragazzo?
6 Perché il ragazzo chieśe ad Adamo se era un questurino?
7 Il ragazzo lasciò cadere la paletta e un po' di naftalina si sparse sul pavimento. Quanta naftalina s'era persa?
8 Ma se ti mancano anche i denti, disse Adamo. Cosa vuol dire questa frase?
   a che davvero gli mancavano i denti
   b che era molto giovane
9 Perché il ragazzo spalancò la bocca? Solo per far vedere che gli mancava un dente?
10 Il ragazzo è molto svelto. Da cosa lo potete capire?
11 Conoscete il nome di qualche altro libro di Pratolini?

Parola nuova: *svelto* sveglio, intelligente ma anche rapido

57 Firenze: i giorni del diluvio

Esercizi

E 152 **Rispondete alla domanda**

Dov'è nato Sandro Botticelli? (a Firenze)
Il Botticelli è nato a Firenze.

1 Dov'è nato Galileo Galilei? (a Pisa)
2 Dov'è nato Carlo Goldoni? (a Venezia)
3 Dov'è nato Giacomo Leopardi? (a Recanati)
4 Dov'è nato Alessandro Manzoni? (a Milano)
5 Dov'è nato Giovanni Verga? (a Catania)
6 Dov'è nata Grazia Deledda? (a Nùoro)
7 Dov'è nata Eleonora Duse? (a Vigevano)

(§ 4)

E 153 **Completate la frase**

Purché vengano!
Finché non vengono non posso lavorare.

1 Purché esca!
2 Purché torni!
3 Purché telefonino!
4 Purché finisca!
5 Purché la smettano!

E 154 **Verbo irregolare:** *accorgersi*

Formate una frase

Si è accorto d'aver avuto torto.
Se ne accorse a Roma.

1 Si sono accorti d'aver avuto torto.
2 Ci siamo accorti d'aver avuto torto.
3 Mi sono accorta d'aver avuto torto.
4 Vi siete accorti d'aver avuto torto.
5 Ti sei accorta d'aver avuto torto.

Rispondete alle domande

1 In che anno è stato il « diluvio » a Firenze?
2 Come si chiama il fiume che attraversa Firenze?
3 « Gli Uffizi » è un palazzo rinascimentale che adesso serve da museo. È un museo d'arte o della scienza?

4 La direttrice degli Uffizi fu avvertita appena passate le sette di mattina. Cosa fece?
5 Perché il direttore del restauro, Baldini, dovette spogliarsi?
6 In quanti erano per l'operazione recupero?
7 Il sindaco Bargellini, dove era rimasto bloccato?
8 Da dove si cominciava l'operazione recupero?
9 Furono salvate alcune opere di enorme importanza che si trovavano agli Uffizi per restauri. Per esempio?
10 L'Incoronazione del Botticelli fu salvata?
11 Secondo quale ordine si procedeva, prelevando i quadri?
12 La direttrice del Museo della Scienza fu avvertita di quello che stava succedendo?
13 Qualcuno la aiutava a salvare i preziosi strumenti?
14 La direttrice salvò qualche pezzo di eccezionale valore. Per esempio?
15 Quando vide che l'acqua minacciava di invadere anche il primo piano, cosa fece?

Parola nuova: *rinascimentale* del Rinascimento

Esercitazione

A

La direttrice degli Uffizi, Luisa Becherucci, risponde alle domande del giornalista.
1 Il giornalista: Signora B., quando fu avvertita che Firenze si stava allagando?
Luisa B.:
2 Il giornalista: L'acqua dov'era, quando lei è arrivata?
Luisa B.:
3 Il giornalista: Potevate comunicare con l'esterno?
Luisa B.:
4 Il giornalista: Siete riusciti a portar via tutto dai laboratori?
Luisa B.:
5 Il giornalista: Come avete fatto per prelevare i quadri della Galleria dei Ritratti?
Luisa B.:
6 Il giornalista: Per quanto tempo avete continuato a lavorare?
Luisa B.:

Parola nuova: *esterno* Außenwelt

B

Fate voi stessi le domande a Maria Luisa Bonelli, direttrice del Museo della Scienza.

C

Filippo Lippi, Masaccio, Simone Martini, Giotto, Botticelli sono tutti famosi pittori italiani.
Conoscete qualche altro pittore italiano?

1 Chi è l'autore dell'opera che vedete qui?

2 Chi è l'autore di quest'opera?

a Giotto
b Botticelli
c Simone Martini

58 Alla stazione locale

Esercizi

E 155 **Trasformate la frase**

Non hanno mai un riguardo.
Mai che abbiano un riguardo.

1 Non è mai in casa.
2 Non hai mai una lira.
3 Non siete mai contenti.
4 Non ha mai paura.
5 Non sei mai preoccupato.

(§ 53)

E 156 **Completate la frase**

Non esagerare sempre, Carlo.
Mi sembra che tu esageri troppo spesso.

1 Non rispondere sempre, Maria.
2 Non fidatevi sempre, ragazzi.
3 Non perdete la pazienza, ragazze.
4 Non litigare sempre, Giorgio.
5 Non pentitevi sempre, ragazzi.

(§ 50)

E 157 **Formate una nuova frase**

Non mi sta mai intorno.
Uno che mi stesse sempre intorno mi darebbe fastidio.

1 Non ha mai paura.
2 Non dice mai sciocchezze.
3 Non si arrabbia mai.
4 Non piange mai.
5 Non soffre mai di mal di mare.

(§ 52)

E 158 **Verbo irregolare:** *parere*

Trasformate la frase

Forse paio strano vestito così.
Ma parrei più strano con quel cappotto lì.

1 Forse paiono strani vestiti così.
2 Forse pari strano vestito così.

3 Forse parete strani vestiti così.
4 Forse pare strana vestita così.
5 Forse pariamo strane vestite così.

Rispondete alle domande

1 Chi sono i personaggi di questo racconto?
2 Perché la madre appariva agitata?
3 Era di mattina o di pomeriggio?
4 Cosa faceva la giovane, nel pomeriggio?
5 Era ormai il crepuscolo. Da cosa lo potete capire?
6 Cosa pensava la madre degli uomini?
7 Chi è Luigi?
8 C'era qualcuno nella biglietteria?
9 La madre lo conosceva?
10 Chi era?
11 Cosa faceva suo fratello?
12 Chi dei due fratelli aveva fatto più strada, secondo la madre?

59 L'esame

Esercizi

E 159 **Trasformate la frase**

Prima di tutti chiamarono il sacrestano.
Il primo ad essere chiamato fu il sacrestano.

1 Prima di tutti avvertirono la madre.
2 Prima di tutti informarono le sorelle.
3 Prima di tutti radunarono i militi fascisti.
4 Prima di tutti scelsero Filippo.
5 Prima di tutti rassicurarono le mogli.

(§ 58)

E 160 **Completate la frase**

Non ne sappiamo niente. Neanche lui ne sa niente.
Ne sappiamo quanto lui.

1 Non ne so niente. Neanche tu ne sai niente.
2 Non ne sanno niente. Neanch'io ne so niente.
3 Non ne sai niente. Neanche noi ne sappiamo niente.
4 Non ne sa niente. Neanche voi ne sapete niente.
5 Non ne sapete niente. Neanche loro ne sanno niente.

(§ 13)

E 161   **Rispondete alla domanda**

Che cosa aspettava?
Nessuno di noi sapeva che cosa aspettasse.
1 Che cosa voleva?
2 Che cosa domandava?
3 Che cosa scriveva?
4 Che cosa faceva?
5 Che cosa spediva?

(§ 51)

E 162   **Cambiate la frase**

Non sapevo che fosse fascista.
Non sapevo di avere a che fare con un fascista.
1 Non sapevamo che fosse un uomo coraggioso.
2 Non sapevate che fosse un mascalzone.
3 Non sapeva che fosse agente di polizia.
4 Non sapevano che fosse socialista.
5 Non sapevi che fosse ingegnere.

(§ 62)

E 163   **Verbo irregolare:** *morire*

Trasformate la frase

Quando moriremo saremo soli.
Quando moriamo siamo soli.
1 Quando moriranno saranno soli.
2 Quando morirò sarò solo.
3 Quando morirà sarà solo.
4 Quando morirete sarete soli.
5 Quando morirai sarai solo.

Rispondete alle domande

1 Chi erano gli uomini in camicia nera?
2 Perché venivano di notte?
3 Dove erano radunati i militi fascisti?
4 Chi li comandava?
5 Chi sono i cafoni?
6 Capivano quello che succedeva?
7 Cominciò l'esame. Chi fu chiamato per primo?
8 Qual'era la domanda?

9 Seppe rispondere il primo?
10 Cosa scrisse Filippo il Bello nel registro?
11 Cosa rispose Cipolla alla domanda?
12 Cosa credevano che significasse la parola « refrattario », i cafoni?
13 E cosa significa?
14 Perché i militi scoppiarono a ridere quando Baldissera gridò: « Evviva la Regina Margherita! »
15 Come risposero quelli che furono segnati come « anarchici »?
16 E quello segnato come « liberale »?
17 Ed il « perfido » come rispose?
18 Qual'è la risposta corretta?

60 Dolce solitudine del Molise

Esercizi

E 164 **Rispondete alla domanda**

Dov'è adesso? (*la Sicilia*)
È in Sicilia.

1 Dove sono adesso i tuoi amici? (la Toscana)
2 Dove siete adesso? (la Calabria)
3 Dove sei adesso? (la Francia)
4 Dove siamo adesso? (la Lombardia)
5 Dove sono adesso? (la Campania)

(§ 5)

E 165 **Rispondete alla domanda**

Dov'era allora? (*il Molise*)
Era nel Molise.

1 Dov'erano allora? (il Lazio)
2 Dov'eri allora? (il Veneto)
3 Dov'eravate allora? (il Piemonte)
4 Dov'ero allora? (il Trentino – Alto Adige)
5 Dov'eravamo allora? (il Friuli)

(§ 5)

E 166 **Rispondete alla domanda**

Dove andrà? (la Sicilia occidentale)
Andrà nella Sicilia occidentale.

1 Dove andrete? (l'Europa orientale)
2 Dove andranno? (la Spagna settentrionale)
3 Dove andremo? (la Corsica meridionale)
4 Dove andrà? (la Svizzera italiana)
5 Dove andrete? (gli Stati Uniti)

(§ 5)

E 167 **Formate una frase**

La Svezia ha otto milioni di abitanti...
e dieci anni fa ne aveva quasi altrettanti.

1 Abbiamo cento libri italiani.
2 Hanno tre mila operai.
3 Ho venti mila marchi in banca.
4 Hai dieci mila francobolli.
5 Avete dieci amiche a Roma.

Rispondete alle domande

1 Di quale regione italiana si parla in questo testo?
2 Date qualche esempio dell'emigrazione in questa regione.
3 Che lingua si parla a Campana, in Argentina?
4 Perché le terre del Molise vengono abbandonate? Ditene qualche ragione.
5 Perché la frutta, prodotto locale, arriva a destinazione già mezzo avariata?
6 Oggi, l'emigrato non torna più. Cosa fa della sua terra?
7 Quelli che restano, come vivono?
8 Cercate di spiegare cosa vuol dire l'espressione « molisano errante ».

61 L'infinito

Rispondete alle domande

1 Trovate che l'illustrazione della poesia sia adatta?
2 Il poeta sente molto la natura. Quali sono le parole e le espressioni che indicano il suo amore per la natura?

3 Quali sono le espressioni che danno il senso dell'immensità?
4 Come definireste questa poesia?
   a lirica
   b tragica
   c epica

Parole nuove: *'tragico* tragisch, *'epico* episch

Ricerca

Guardate la pianta d'Italia sulla copertina del libro di testo e rispondete a queste domande:
1 Quali regioni fanno parte del Centro?
2 Quali sono le più importanti città di queste regioni?

62 Il triangolo Industriale

Esercizi

E 168

Trasformate la frase

Questa regola viene osservata dappertutto.
La si osserva dappertutto.

1 Questa lingua viene imparata dappertutto.
2 Questo albergo viene lodato dappertutto.
3 Questo rito viene rispettato dappertutto.
4 Questa marca viene richiesta dappertutto.
5 Questo ritratto viene visto dappertutto.

Parole nuove: *'regola* Regel, *lodare* loben

(§ 15)

E 169

Trasformate la frase

Anche se i genitori sono vecchi, si amano lo stesso.
Pur essendo i genitori vecchi si amano lo stesso.

1 Anche se Maria è giovane, è rispettata lo stesso.
2 Anche se il pesce è poco caro, non lo mangio mai.
3 Anche se il tempo è buono, non posso uscire.
4 Anche se l'aereo è grande, ho paura lo stesso.
5 Anche se la borsa è molto pesante, la devo portare.

(§ 63)

E 170   **Verbo irregolare:** *venire*
Completate la frase

Non verranno quest'anno . . .
perché vennero l'anno scorso.
1 Non verrai quest'anno . . .
2 Non verremo quest'anno . . .
3 Non verrò quest'anno . . .
4 Non verrete quest'anno . . .
5 Non verrà quest'anno . . .

Rispondete alle domande

1 Qual'è l'argomento di questo testo?
2 Come si può definire l'Italia, da un punto di vista economico?
3 Com'è la ripartizione del reddito italiano?
4 Cos'è il fenomeno della « concentrazione industriale »?
5 Dove possiamo osservarlo?
6 Cos'è « l'immigrazione interna »?
7 Da che cosa viene favorita?
8 Quale zona è meno sviluppata, il Mezzogiorno od il Settentrione?
9 Cosa produce la Pirelli?
10 Come si può dividere l'industria italiana?
11 Cosa riunisce l'IRI?
12 Cos'è l'Alitalia?

63 I grattacieli a Milano

Esercizi

E 171   **Rispondete alla domanda**

A quanti metri si trova Firenze sul livello di mare? (m 50)
Firenze si trova a 50 metri sopra il livello del mare.

1 A quanti metri si trova Milano sul livello del mare?
 (m 121)
2 A quanti metri si trova Assisi sul livello del mare (m 409)
3 A quanti metri si trova Roma sul livello del mare? (m 20)
4 A quanti metri si trova Bologna sul livello del mare?
 (m 55)
5 A quanti metri si trova L'Aquila sul livello del mare?
 (m 714)

E 172

Verbo irregolare: *udire*
Trasformate la frase

Udì un grido straziante.
Lo risente anche oggi negli orecchi.

1 Udirono un grido straziante.
2 Udii un grido straziante.
3 Udimmo un grido straziante.
4 Udisti un grido straziante.
5 Udiste un grido straziante.

Parole nuove: *straziante* herzzerreißend, *o'recchio* Ohr

Rispondete alle domande

1 Di quale regione italiana è capitale Milano?
2 Come si chiama il fiume che attraversa la regione?
3 Di quale quartiere della città si parla in questo articolo?
4 Com'è fatto il quartiere dei 200 metri?
5 Perché qualche volta, in estate, a coloro che abitano nel grattacielo di piazza della Repubblica, può sembrare di vivere sopra le nuvole?
6 Quali montagne si vedono dal nuovo quartiere?
7 Coloro che abitano ai primi piani sentono il fracasso della strada. Cosa sentono, per esempio?

64 Il signor Veneranda

Esercizi

E 173

Completate la frase

Si soffia sempre il naso.
Se lo soffia di continuo.

1 Si rompe sempre quella gamba.
2 Si asciuga sempre gli occhi.
3 Si brucia sempre le dita.
4 Si taglia sempre i capelli.
5 Si lava sempre il viso.

Parola nuova: *tagliare, 'taglio* schneiden
(§ 19)

E 174 **Completate la frase**

Dove vai?
Non sai più dove andare?

1 Come fai?
2 Cosa compri?
3 Quanto paghi?
4 Chi scegli?
5 Quando parti?

(§ 62)

E 175 **Completate la frase**

Non lo so . . .
e del resto non ci tengo a saperlo.

1 Non la incontriamo . . .
2 Non gli parla . . .
3 Non li conoscono . . .
4 Non lo ricordate . . .
5 Non le vedo . . .

(§ 57)

E 176 **Verbo irregolare:** *dovere*

Trasformate la frase

Deve sempre far tutto da sola.
Dovette far da sola anche in quella penosa occasione.

1 Devono sempre far tutto da soli.
2 Dobbiamo sempre far tutto da sole.
3 Devo sempre far tutto da solo.
4 Dovete sempre far tutto da soli.
5 Devi sempre far tutto da sola.

Parola nuova: *penoso* peinlich, schwierig

Rispondete alle domande

1 Che tipo di fazzoletto vuole il signor Veneranda?
2 Cosa fa col fazzoletto?
3 Qual'è la reazione della commessa? Cosa dice?
4 E il signor Veneranda, cosa risponde?
5 Come finisce il racconto?

Scegliete la parola corretta:
(merceria, macelleria, drogheria, panetteria)

1 La carne si compra in una —
2 I fazzoletti si comprano in una —
3 Il pane si compra in una —
4 La pasta si compra in una —

65 Cucina barocca a Bologna

Rispondete alle domande

1 Qual'è la più celebre cucina d'Italia?
2 Qual'è la sua caratteristica?
3 Chi è Cesarina?
4 Qual'è l'origine dei tortellini?
5 Come sono le paste dolci bolognesi?
6 Anche Napoli è famosa per la sua cucina. Conoscete qualche piatto tipicamente napoletano?

66 Rivolta socialista

Esercizi

E 177

Trasformate la frase

Le risposte di Carlo e di Mario furono pronte.
La risposta di Carlo fu pronta, come quella di Mario.

1 I fazzoletti di Carlo e di Mario sono rossi.
2 Le finestre di Carlo e di Mario erano illuminate.
3 Gli appartamenti di Carlo e di Mario sono moderni.
4 Le lettere di Carlo e di Mario erano piene di errori.
5 I romanzi di Carlo e di Mario furono accolti bene.

(§ 28)

E 178 **Trasformate la frase**

Rimodernando un appartamento, bisogna pensare a molte cose.
Nel rimodernare un appartamento, bisogna pensare a molte cose.

1 Trasformando una stanza, bisogna pensare a molte cose.
2 Comprando una macchina, bisogna pensare a molte cose.
3 Gestendo un ristorante, bisogna pensare a molte cose.
4 Giungendo a Roma, bisogna pensare a molte cose.
5 Costringendolo a dimettersi, bisogna pensare a molte cose.

(§ 61)

E 179 **Verbo irregolare: *trarre***
Completate la frase

L'ha tratto in inganno.
Ce lo trasse senza volerlo.

1 L'hanno tratto in inganno.
2 L'abbiamo tratto in inganno.
3 L'ho tratto in inganno.
4 L'avete tratto in inganno.
5 L'hai tratto in inganno.

Parola nuova: *trarre in inganno* täuschen

Scegliete l'espressione corretta

1 Invece di *posatamente* si può dire
 a tranquillamente
 b rapidamente
 c dolcemente

2 Invece di «*con tal qual trascuranza*» si può dire
 a con un po' di trascuranza
 b con molta trascuranza
 c con una certa trascuranza

3 Invece di *seccato* si può dire
 a altezzoso
 b irritato
 c ironico

Rispondete alle domande

1 Di quale regione era il capitano Viollet? Da cosa lo potete capire?
2 Abdon ubbidì all'intimazione?
3 Cosa rispose Abdon alla domanda del capitano Viollet?
4 Dove voleva andare Abdon?
5 E per che fare?
6 Quale ordine dette il capitano?
7 Cosa fece Abdon quando sentì l'ordine?
8 Conoscete qualche altro libro di Bacchelli?

67 Venezia minacciata

Esercizi

E 180 **Trasformate la frase**

Penso a tutto quello che si scrive su Venezia.
Penso a quanto si scrive su Venezia.

1 Pensiamo a tutto quello che si dice su Roma.
2 Pensa a tutto quello che si racconta sulla guerra.
3 Pensate a tutto quello che si scrive sulla Germania.
4 Pensa a tutto quello che si sente alla radio.

(§ 30)

E 181 **Formate una frase**

L'ho visto tempo fa. È identico.
È identico a quello che ho visto tempo fa.
1 L'ho visto tempo fa. È uguale.
2 L'ho vista tempo fa. È simile.
3 Li ho visti tempo fa. Sono diversi.
4 Le ho viste tempo fa. Sono differenti.

(§ 29)

E 182 **Rispondete alla domanda**

Da cosa dipende il logoramento, dall'umidità?
Sì, è dovuto all'umidità.
1 Da cosa dipende la tua stanchezza, dal troppo lavoro?
2 Da cosa dipende il vostro appetito, dall'aria marina?
3 Da cosa dipende la sua tristezza, dalla nebbia?

4 Da cosa dipendono questi logoramenti, dall'azione dell'acqua?
5 Da cosa dipendono queste miserie, dalla decadenza?

Parole nuove: *appetito* Appetit, *marino* del mare

Verbo irregolare: *soffrire*

E 183 **Trasformate la frase**

Soffre le pene dell'inferno, senza lamentarsi.
Soffrì le pene dell'inferno, ma non si lamentò.
1 Soffriamo le pene dell'inferno, senza lamentarci.
2 Soffro le pene dell'inferno, senza lamentarmi.
3 Soffri le pene dell'inferno, senza lamentarti.
4 Soffrono le pene dell'inferno, senza lamentarsi.
5 Soffrite le pene dell'inferno, senza lamentarvi.

Parole nuove: *pena* Qual, *inferno* Hölle

Rispondete alle domande

1 Venezia è una città moderna?
2 Quali sono le cause del quotidiano e crescente logoramento che minaccia le case veneziane?
3 Che somma ci vorrebbe per restaurare tutto?
4 Com'è la situazione degli affitti in molte case veneziane?
5 Come può essere combattuta la decadenza estetica della città?

68 Giulietta e Romeo

Esercizi

E 184 **Rispondete alla domanda**

Come devo metterli? (dopo)
Mettili uno dopo l'altro.

1 Come devo metterle? (sotto)
2 Come devo tenerli? (sopra)
3 Come devo tenerle? (su)
4 Come devo metterli? (dentro)

(§ 34)

E 185 **Rispondete alla domanda**

Come si siedono? (di fronte a)
Si siedono gli uni di fronte agli altri.

1 Come si siedono? (davanti a)
2 Come si siedono? (dietro a)
3 Come si siedono? (accanto a)
4 Come si siedono? (vicino a)

(§ 34)

E 186 **Formate una frase**

Guardare in faccia.
A quei due basta guardarsi in faccia.

1 Scambiare un'occhiata.
2 Dare un bacio.
3 Dire una parola.
4 Rivolgere il saluto.
5 Tenere per mano.

(§ 20)

E 187 **Trasformate la frase**

Le lettere fanno pensare a due ragazzi innamorati.
Le lettere sembrano quelle di due ragazzi innamorati.

1 I vestiti fanno pensare a due signore anziane.
2 Le scarpe fanno pensare a due donne povere.
3 La barba fa pensare a Babbo Natale.
4 Il viso fa pensare a un angelo.
5 I capelli fanno pensare a una ragazza svedese.

Parola nuova: *Babbo Natale* Weihnachtsmann

(§ 28)

E 188 **Verbo irregolare:** *dare*
Trasformate la frase

Mi aiuti?
Mi dai una mano?

1 Ti aiuterò domani.
2 Vi ho sempre aiutato.
3 Mi aiuterebbe anche adesso.
4 Ci aiutarono quella volta.
5 L'aiutano quando vuole.

Cercate le espressioni

Trovate almeno un'altra espressione per:
a il *medesimo* colore
b ogni *poco*
c *aspre* condanne
d *frugale* colazione
e camminare *piano piano*

Rispondete alle domande

1 Perché l'autore pensa a Giulietta e Romeo vedendo i due giovani?
2 Sulla spiaggia sono distesi due giovani. Descriveteli.
3 Quale « forza magnetica » esiste tra di loro?
4 Quanti anni hanno?
5 Chi c'è ancora sulla spiaggia?
6 Cosa sta facendo il bagnino?
7 Cosa fa il bagnino, d'inverno?
8 Anche lui vede i giovani. Come reagisce?
9 E le tre signore, come reagiscono?
10 Cosa dicono di fare al bagnino?
11 Lo fa?
12 I giovani « si svegliano ». Cosa fanno?
13 Perché l'autore dice che è rimasto poco alle vecchie?

Esercitazione

Fate un riassunto del racconto: a voce o per iscritto.

69 Vita a Torino

Esercizi

E 189 **Rispondete alla domanda, ma sostituite al sostantivo maschile il corrispondente femminile**

Sei venuto con tuo padre?
No, sono venuto con mia madre.

1 È arrivato con vostro fratello?
2 Sei tornato con tuo nonno?
3 È partito con suo figlio?
4 Sei giunto con nostro zio?
5 È andato con suo cugino?

(§ 26)

E 190   **Lo stesso esercizio**

Sei venuto col loro padre?
No, sono venuto con la loro madre.

1 È arrivata col loro fratello?
2 Sono partiti con i loro figli?
3 È tornato col loro nonno?
4 Siete giunti con i loro cugini?
5 È andato col loro zio?

(§ 26)

E 191   **Rispondete alla domanda**

Lunedì vado a trovare fratelli e sorelle. – Vai a Roma?
No, i miei fratelli e le mie sorelle non abitano più a Roma.

1 Martedì vado a trovare figli e figlie. – Vai a Milano?
2 Mercoledì vado a trovare zii e zie – Vai a Napoli?
3 Giovedì vado a trovare nipotini e nipotine. – Vai a Venezia?
4 Venerdì vado a trovare nonni e nonne. – Vai a Palermo?
5 Sabato vado a trovare cugini e cugine. – Vai a Firenze?

Parola nuova: un, una *nipote* il figlio o la figlia del fratello o della sorella; il figlio o la figlia del figlio o della figlia

(§ 26)

E 192   **Formate una frase**

È quella tua sorella?
Sì, la gemella.
Ah! è la tua sorella gemella.

1 È quello tuo fratello? – Sì, il minore.
2 È quella tua nonna? – Sì, la materna.
3 È quella vostra figlia? – Sì, la maggiore.
4 È quello vostro nonno? – Sì, il paterno.

Parola nuova: *gemello, gemella* Zwilling

(§ 26)

E 193   **Formate una frase**

Ecco mia sorella. (sorellina)
Com'è allegra la tua sorellina!

1 Ecco mio cugino. (cuginetto)
2 Ecco mio fratello. (fratellino)

3 Ecco mia cugina. (cuginetta)
4 Ecco mia zia. (zietta)
5 Ecco mio nipote. (nipotino)
(§ 26)

E 194 **Verbo irregolare:** *dire*
Trasformate la frase
Non dice sempre di no.
Lo disse quella volta perché era stanco.
1 Non diciamo sempre di no.
2 Non dici sempre di no.
3 Non dico sempre di no.
4 Non dicono sempre di no.
5 Non dite sempre di no.

Rispondete alle domande
1 La famiglia si trovava a Torino, erano anni difficili. Perché?
2 Perché si lamentava la madre?
3 Dove avevano abitato prima?
4 Com'era stata la vita, per la madre, in quei luoghi?
5 Chi era Natalina?
6 Che natura aveva la madre?
7 In quei primi anni, a Torino, la madre piangeva spesso. Perché?
8 Ma tuttavia era felice. Perché?
9 Descrivete la casa di via Pastrengo.
10 La casa era molto umida. Da che cosa si capiva?
11 In che modo spaventavano la nonna, i fratelli?
12 La protagonista del racconto soffriva della nostalgia di Palermo?
13 Chi era « Olga viva »?
14 Perché « viva »?
15 Che reazione provocò in famiglia la prima poesia dell'autrice?
16 Conoscete qualche altro libro della Ginzburg?
Parola nuova: *infelice* il contrario di felice

70 L'otto settembre 1943

Esercizi

E 195 **Rispondete alla domanda**

Chi lo disse?
Nessuno di noi disse nulla.

1 Chi lo fece?
2 Chi lo vide?
3 Chi lo seppe?
4 Chi lo capì?
5 Chi lo sentì?

(§ 35)

E 196 **Formate una frase**

Una macchina.
Appena arriva una macchina ne parte un'altra.

1 Un autocarro.
2 Una nave.
3 Un tassì.
4 Una vespa.
5 Un tram.

(§ 22)

E 197 **Trasformate la frase**

Anche se volessero, non potrebbero farlo.
Neanche volendo, potrebbero farlo.

1 Anche se cercassero, non potrebbero trovarla.
2 Anche se corressero, non potrebbero raggiungerli.
3 Anche se pagassero, non potrebbero ottenerle.
4 Anche se guardassero, non potrebbero vederlo.
5 Anche se insistessero, non potrebbero convincerla.

(§ 63)

E 198 **Verbo irregolare:** *correre*

Completate la frase

Ormai non corriamo più ...
ma corremmo tanto da giovani.

1 Ormai non corre più ...
2 Ormai non correte più ...

3 Ormai non corrono più . . .
4 Ormai non corro più . . .
5 Ormai non corri più . . .

Rispondete alle domande

1 Cosa successe l'8 settembre 1943?
2 L'estate finiva. Da cosa lo potete capire?
3 Qual'era la nuova?
4 Cosa venne a dire Cate, una sera?
5 Come reagì Dino alla notizia?
6 E gli altri?
7 A Torino quale fu la reazione?
8 Si combatteva ancora?
9 I tedeschi se n'erano andati?

Ricerca

Scegliete la risposta corretta. (Se avete dei dubbi, consultate un'enciclopedia.)
1 Nella prima guerra mondiale l'Italia era
  a neutrale
  b contro i tedeschi
  c contro gli alleati
2 Nel 1940 l'Italia era
  a neutrale
  b contro i tedeschi
  c contro gli alleati

71 Memoria

Esercizi

E 199 **Verbo irregolare: *prendere***

Fate una domanda

Mi hanno preso i soldi.
Li hanno presi anche a te?

1 Mi hanno preso la bicicletta.
2 Mi hanno preso le sigarette.
3 Mi hanno preso i biglietti.
4 Mi hanno preso l'orologio.
5 Mi hanno preso la valigia.

Rispondete alle domande

1 Alla memoria di chi è dedicata questa poesia?
2 Trovate le frasi con le quali viene descritta la solitudine dell'autrice dopo la morte del marito.
3 Il tono della poesia è molto sommesso. L'autrice parla di cose banali, di uso e consumo quotidiano. Trovatene qualche esempio.

Parola nuova: *banale* trivial, banal

72 Carnevale

Esercizi

E 200 **Trasformate la frase**

Tutti saltarono addosso a Carlo.
Tutti gli saltarono addosso.

1 Tutti erano a fianco di Maria.
2 Tutti correvano dietro a Claudia.
3 Tutti erano intorno al commesso.
4 Tutti erano vicino a Olga e a Maria.
5 Tutti erano accanto ai due attori.

(§ 18)

E 201 **Rispondete alla domanda**

Era cambiato qualcosa?
No, ma stava per cambiare.

1 Era caduto qualcuno?
2 Era successo qualcosa?
3 Era intervenuto qualcuno?
4 Era accaduto qualcosa?
5 Era affogato qualcuno?

(§ 47)

E 202 **Completate la frase**

Se non insistevo, non telefonava.
Insistetti perché telefonasse.

1 Se non la chiamavo, non veniva.
2 Se non le pregavo, non entravano.

3 Se non la invitavo, non ballava.
4 Se non lo accompagnavo, non se ne andava.
(§ 53)

E 203

Verbo irregolare: *andare*
Completate la frase

Vanno al mare tutti gli anni.
Ci andarono anche durante la guerra.
1 Vai al mare tutti gli anni.
2 Va al mare tutti gli anni.
3 Andate al mare tutti gli anni.
4 Vado al mare tutti gli anni.
5 Andiamo al mare tutti gli anni.

Rispondete alle domande

1 Da cosa si capiva che c'era un veglione?
2 Perché il protagonista non voleva partecipare?
3 Perché stava in un angolo?
4 Come era vestita Claudia quando uscì dall'ascensore?
5 Che specie di maschera portava il protagonista?
6 Perché il ballo era « una specie di gioco a nascondersi »?
7 Com'era vestito l'ingegner Cordà?
8 Come descrive Claudia, l'autore?
9 Come vi sembra il protagonista: un uomo timido o un uomo di mondo? Spiegate la vostra scelta.
10 Chi erano i signori anziani che stavano con l'ingegner Cordà?
11 Che mestiere faceva il protagonista?
12 Chi era il direttore del periodico « La Purificazione »?
13 Il protagonista riportò abbastanza bruscamente Claudia sulla pista delle danze. Perché?
14 Che tipo di ballo era?
15 Perché il protagonista si sentiva contento?

Parole nuove: *ballo* ci sono molti tipi di balli: tango, valzer, shake..., *uomo di mondo* Mann von Welt

Esercitazione

Fate un riassunto del racconto.

Ricerca

1 Cercate sul vocabolario qualche parola che si riferisce al Carnevale e scrivetela.
2 Mettete il nome dell'autore accanto a quello dell'opera: (Se avete dei dubbi, consultate un'enciclopedia.)

Autori	Opere
1 Moravia	a « Lo Scialo »
2 Pratolini	b « Maledetti toscani »
3 Malaparte	c « I promessi sposi »
4 Palazzeschi	d « Lessico familiare »
5 Ginzburg	e « Agostino »
6 Pavese	f « Le sorelle Materassi »
7 Manzoni	g « Prima che il gallo canti »

Parole nuove: *promessi sposi* Verlobte

73 Genova

Esercizi

E 204 **Trasformate la frase**

Suona mezzogiorno.
È suonato mezzogiorno.

1 Non succede niente.
2 Non occorre chiamare il medico.
3 Sembra troppo tardi.
4 Basta poco per rovinarsi la salute.
5 Non capita nulla.

(§ 40)

E 205 **Verbo irregolare: *fare***

Trasformate la frase

Non l'ha fatto quest'anno.
Lo fece l'anno scorso.

1 Non l'abbiamo fatto quest'anno.
2 Non l'hai fatto quest'anno.
3 Non l'hanno fatto quest'anno.
4 Non l'ho fatto quest'anno.
5 Non l'avete fatto quest'anno.

Rispondete alle domande

1 Di quale regione italiana è capitale Genova?
2 Che tempo fa?
3 Facendo Via Garibaldi, Via Cairoli, Via Balbi cosa si vede?
4 Perché Genova è molto sviluppata verticalmente?
5 Genova ha il porto più importante d'Italia. Una volta i mercanti vedevano, nel porto, i loro « legni ». Come chiamereste, oggi, i « legni »?
6 Cosa si vede da Castelletto?

74 Mare

Rispondete alle domande

1 Con quali espressioni il poeta descrive il mare?
2 Quali sono gli aggettivi che si riferiscono al mare?
3 Il mare fa spesso parte del mondo poetico di Montale. Il poeta è abituato a vivere nelle vicinanze del mare. Perché? Dov'è nato Montale?
4 Come descrive il paese delle sue estati lontane?
5 Cosa vi sembra che rappresenti, per lui, il mare?
 a la vita
 b la morte
 c la felicità

Ricerca

Guardate la pianta d'Italia sulla copertina del libro di testo e rispondete a queste domande:
1 Quali regioni fanno parte del Nord?
2 Quali sono le più importanti città di queste regioni?

75 Napoli

Esercizi

Rispondete alla domanda

Quando nascerà il bambino di Giulietta?
Ma è già nato!

1 Quando cesseranno i bombardamenti?
2 Quando arriveranno gli americani?

3 Quando passerà il portalettere?
4 Quando finirà lo sciopero?
5 Quando scompariranno gli ultimi segni di miseria?
(§ 41)

E 207   **Rispondete alla domanda**

Come si guadagna la vita? Lustra le scarpe?
Sì, si guadagna la vita lustrando le scarpe.

1 Come si guadagna la vita? Vende giornali?
2 Come si guadagna la vita? Costruisce barche?
3 Come si guadagna la vita? Fa da cicerone agli stranieri?
4 Come si guadagna la vita? Lava i piatti nei ristoranti?
5 Come si guadagna la vita? Dà lezioni private?

E 208   **Verbo irregolare:** *apparire*

Trasformate la frase

Appare stanco a tutti quelli che lo vedono.
Apparve stanco anche a Walter.

1 Appariamo stanchi a tutti quelli che ci vedono.
2 Appaio stancho a tutti quelli che mi vedono.
3 Apparite stanche a tutti quelli che vi vedono.
4 Appaiono stanche a tutti quelle che le vedono.
5 Appari stanca a tutti quelli che ti vedono.

Rispondete alle domande

1 A che cosa deve la sua fama Napoli?
2 Conoscete qualche famosa canzone napoletana?
3 Qual'è il doppio significato del detto « Vedi Napoli e poi mori »?
4 Napoli di oggi appare notevolmente diversa da quella cantata dagli artisti. Perché?
5 C'è stato un risanamento nel quartiere del Porto e negli altri quartieri miserabili?
6 Qual'è l'impressione che uno riceve passando, oggi, nel quartiere del Porto?
7 Cosa sono i « bassi »?
8 Esistono due Napoli. Quali?
9 Chi sono gli « scugnizzi »?
10 Ci sono ancora?
11 Durante la guerra si chiamavano « sciuscià ». Perché?

12 Qual'è la versione attuale degli « scugnizzi »?
13 Com'è il tenore di vita dei napoletani oggi, rispetto a prima, secondo i sociologhi e gli economisti?
14 Secondo voi, il fatto che tutti abbiano le scarpe è segno che il tenore di vita sia molto o poco migliorato?

Parola nuova: *rispetto a* nei confronti di

76 I napoletani: né vincitori né vinti

Esercizi

E 209 **Trasformate la frase**

Tutti i ragazzi e le ragazze parlavano di politica.
Sia i ragazzi che le ragazze parlavano di politica.

1 Tutti gli studenti e le studentesse parlavano di politica.
2 Tutti gli operai e le operaie parlavano dello sciopero.
3 Tutti i professori e le professoresse parlavano degli esami.
4 Tutti i contadini e le contadine parlavano del brutto tempo.
5 Tutti i commessi e le commesse parlavano di quei prezzi.

E 210 **Trasformate la frase**

Non potete comprare carne e pesce!
Dovete scegliere: o la carne o il pesce!

1 Non potete invitare dottori e giornalisti!
2 Non potete visitare Roma e Napoli!
3 Non potete guardare televisione e giornale!
4 Non potete portar via bimbo e bimba!
5 Non potete bere vino e birra!

Parola nuova: birra Bier

E 211 **Rispondete alla domanda**

Erano belle o brutte?
Non erano né belle né brutte.

1 Erano ricchi o poveri?
2 Erano buone o cattive?
3 Erano grandi o piccoli?
4 Erano giovani o vecchi?
5 Erano vinti o vincitori?

E 212   **Verbo irregolare: *vincere*
Trasformate la frase**

*Hanno vinto la scommessa.
Vincono sempre loro!*

1 Ho vinto la scommessa.
2 Abbiamo vinto la scommessa.
3 Hai vinto la scommessa.
4 Avete vinto la scommessa.
5 Ha vinto la scommessa.

Parola nuova: *scommessa* Wette

Rispondete alle domande

1 Era il giorno della liberazione di Napoli durante la seconda guerra mondiale. Descrivete la folla napoletana.
2 Chi erano i soldati degli eserciti liberatori?
3 Come furono gli anni della guerra a Napoli?
4 I napoletani avevano accettato di recitare la parte di un popolo vinto, dice Malaparte. Cosa facevano?
5 Come si sentiva, il popolo napoletano, il giorno della liberazione?

77 Inverno in Calabria

Esercizi

E 213   **Completate la frase**

*Di solito vado in Italia d'inverno.
Ma quest'inverno non ci posso andare.*

1 Di solito rimango in Germania d'estate.
2 Di solito prendo le vacanze d'autunno.
3 Di solito vado a far la spesa di mattina.
4 Di solito dormo a casa mia di notte.
5 Di solito lavoro in giardino di pomeriggio.
6 Di solito guardo la televisione di sera.

(§ 27)

E 214   **Formate una nuova frase**

Siete cacciatori? No!
Peccato che non siate cacciatori!
1 Ti piace la musica? No!
2 Rimani a casa? No!
3 Avete mille lire? No!
4 Smette di piovere? No!
5 Mi fa da cicerone? No!

(§ 50)

E 215   **Verbo irregolare:** *muovere*
Formate una frase

Da quella volta non ci siamo più mossi da casa.
Non ci movemmo nemmeno a Natale.
1 Da quella volta non si è più mossa da casa.
2 Da quella volta non si sono più mossi da casa.
3 Da quella volta non mi sono più mosso da casa.
4 Da quella volta non ti sei più mosso da casa.
5 Da quella volta non vi siete più mosse da casa.

Rispondete alle domande

1 Sono i tempi del fascismo. Stefano è un confinato. Sapreste spiegare cosa vuol dire questa parola?
2 Dov'era stato confinato? In quale regione?
3 Che stagione era?
4 In Calabria nevica, d'inverno?
5 Chi adoperava il braciere?
6 Come si può fare, disse Giannino, per non sentire l'inverno?
7 Era cacciatore, Stefano?
8 È la sera che mi ammazza, disse Stefano. Perché?

Parola nuova: *confinare* mandare qualcuno in esilio (Exil) politico

78 Visita a Matera

Esercizi

E 216 **Rispondete alla domanda**

C'erano delle botteghe?
No, botteghe non ce n'erano.

1 C'erano delle farmacie?
2 C'erano degli erbivendoli?
3 C'erano delle macellerie?
4 C'erano dei negozi?
5 C'erano delle chiese?

(§ 22)

E 217 **Rispondete alla domanda**

Sei stato al commissariato?
Sì, sono stato dal commissario.

1 Sei stato alla questura?
2 Sei stato alla farmacia?
3 Sei stato alla prefettura?
4 Sei stato alla macelleria?
5 Sei stato alla drogheria?

E 218 **Verbo irregolare:** *esistere*

Trasformate la frase

La malaria non esiste.
La malaria non è mai esistita.

1 Quella città non esiste.
2 Quello strumento non esiste.
3 Quelle malattie non esistono.
4 Quei casi non esistono.
5 Quelle condizioni non esistono.

(§ 41)

Vi diamo il verbo. Trovate il sostantivo con la stessa radice

1 Le avevano *permesso* di visitare il fratello. Il suo — doveva però essere vistato dalla questura.
2 Lei cercò di *protestare* perché lo avevano mandato in quel paese malarico. La sua — non ebbe nessun risultato.
3 Era molto *preoccupata* per suo fratello. La sua salute le dava la maggiore —
4 La sorella non *rispondeva* al vice-questore. A quell'argomento non c'era davvero nessuna —.

Rispondete alle domande

1 La protagonista di questo racconto è andata a trovare suo fratello. Perché dovette prima andare alla Questura?
2 Descrivete la Questura.
3 Chi ricevette la sorella?
4 Perché la sorella voleva protestare?
5 Secondo il commissario, Matera era un paese malarico?
6 E secondo il vice-questore?
7 Perché il vice-questore rispose in tutt'altro tono?
8 Perché a Stigliano non c'era la malaria?
9 Il fratello della protagonista era un fascista dissidente. Da cosa lo potete capire?
10 La sorella non aveva niente da rispondere al vice-questore. Perché? Di quale argomento si servì il vice-questore per convincerla che il fratello poteva benissimo rimanere lì, dove era?
11 Da dove era venuta la sorella?
12 Cosa aveva dimenticato di portare?
13 Che mestiere faceva il fratello?
14 Che cos'è uno stetoscopio?
15 Dove avrebbe potuto trovarlo, secondo i farmacisti?
16 Carlo Levi, autore di « Cristo si è fermato a Eboli » è noto non solo come scrittore, ma anche come . . . (completate)

79 Cristo non si ferma a Eboli

Esercizi

E 219 **Rispondete alla domanda**

Torino è al di qua delle Alpi, dov'è Ginevra?
Ginevra è al di là delle Alpi.

1 Ferrara è al di qua del Po, dov'è Bergamo?
2 Verona è al di qua del lago di Garda, dov'è Trento?
3 Firenze è al di qua degli Appennini, dov'è Ravenna?
4 Ischia è al di qua del golfo di Napoli, dov'è Capri?

E 220 **Trasformate la frase**

Tornata in città, le scrivo subito.
Quando sarò tornata in città, le scriverò subito.

1 Terminato il lavoro, le telefono subito.
2 Scritta la lettera, la spedisco subito.
3 Rimasti soli, glielo dico subito.
4 Arrivata a casa, vado subito a letto.
5 Aperta la porta, lo vedo subito.

(§ 46)

Rispondete alle domande

1 Dove si trova Eboli?
2 Cos'è Eboli oggi?
3 Fino a quale città deve arrivare l'autostrada del Sud?
4 Quali luoghi « storici » attraversa l'autostrada?
5 Solo quando questa autostrada sarà terminata sarà conclusa la vicenda dell'Unità d'Italia, dice l'autore dell'articolo. Intende in senso geografico o in senso sociale ed economico?

Parola nuova: *geo'grafico*

Ricerca

Consultate un'enciclopedia e fate, a voce, un breve riassunto delle vicende dell'Unità d'Italia, articolato come segue:
· la I^a e la II^a guerra d'Indipendenza e le lotte del Risorgimento
· la spedizione dei Mille

- 1861: Proclamazione del Regno d'Italia
- 1866: III* guerra d'Indipendenza
- 1870: Conquista di Roma

Parole nuove: *indipendenza* Unabhängigkeit, *Risorgimento* (Wiedererstehung) è chiamato Risorgimento quel movimento che portò all'Unità d'Italia, una *spedizione* Expedition, una *proclamazione* Ausrufung

80 La Calabria è già in orbita

Esercizi

E 221 **Trasformate la frase**

Non erano macchine nuove, ma erano buone lo stesso.
Non che fossero macchine nuove, ma erano buone lo stesso

1 Non parlava bene, ma si capiva lo stesso.
2 Non avevano molti soldi, ma erano ricchi lo stesso.
3 Non era un ascensore ultraveloce, ma andava bene lo stesso.
4 Non capiva molto, ma era bravo lo stesso.
5 Non guadagnavano molto, ma erano contenti lo stesso.

(§ 53)

E 222 **Trasformate la frase**

Una vecchia ferita si riaprì dentro di me.
Mi si riaprì una vecchia ferita.

1 Una vecchia ferita si riaprì dentro di noi.
2 Una vecchia ferita si riaprì dentro di lei.
3 Una vecchia ferita si riaprì dentro di voi.
4 Una vecchia ferita si riaprì dentro di loro.
5 Una vecchia ferita si riaprì dentro di te.

(§ 14)

E 223 **Trasformate la frase**

Non comprerà tutto ...
Non sarà tanto generosa da comprare tutto.

1 Non spenderà centomila lire ...
2 Non inviterà tutti ...

3 Non riconoscerà la sua colpa . . .
4 Non lo incoraggerà . . .
5 Non vi perdonerà . . .
(§ 60)

E 224 **Trasformate la frase**

Non erano parole nuove.
Non che fossero parole nuove, ma . . .
1 Non avevano voglia di rimanere in casa.
2 Non aspettavano sempre i soldi dallo Stato.
3 Non si sentivano offesi.
4 Non lo facevano per guadagnarci.
5 Non gli davano del matto.
(§ 53)

E 225 **Verbo irregolare:** *scuotere*
Trasformate la frase

Non ha ancora scosso i tappeti . . .
Ormai li scuoterà domani.
1 Non abbiamo ancora scosso i tappeti . . .
2 Non ho ancora scosso i tappeti . . .
3 Non avete ancora scosso i tappeti . . .
4 Non hanno ancora scosso i tappeti . . .
5 Non hai ancora scosso i tappeti . . .

Rispondete alle domande

1 Chi è l'ingegner Rosario Siniscalchi?
2 In quale regione italiana si trova la riviera cosentina?
3 « Cosentina » è un aggettivo che si riferisce ad una città? Quale?
4 Come partì Siniscalchi dal suo paese?
5 Com'è tornato?
6 Perché è tornato?
7 Descrivete Siniscalchi.
8 Perché Siniscalchi pensa che forse non vedrà la fine delle cose che ha cominciate?
9 Di che progetto si tratta?
10 Quanto gli costerà?
11 Perché lo fa?
12 Raccontate come avvenne che Siniscalchi decise di dedicarsi a questo progetto.

13 È grande il suo albergo?
14 Come si scende alla spiaggia?
15 Cetraro è un paese povero? Da cosa lo potete capire?
16 Come diverrà Cetraro?
17 E se non arriva la gente, cosa intende fare Siniscalchi?
18 Pensate che nel sud ci siano molte persone come Siniscalchi? O pensate che ci sia bisogno di altre persone come lui?

81 Lamento per il Sud

Rispondete alle domande

1 « Il Sud è stanco ». Trovate le espressioni e le frasi che descrivono quella che per Quasimodo è la situazione disperata del sud.
2 « Per questo i suoi fanciulli tornano sui monti ». Cosa intende il poeta? Che essi tornano alla tranquilla vita dei monti o che tornano sui monti perché sono diventati dei fuori-legge?
3 Perché le piste sono rosse?
4 Dov'è nato Quasimodo? Dove ha passato gran parte della sua vita? Consultate un'enciclopedia.

Parola nuova: un *fuori-legge* bandito

Ricerca

Guardate la pianta d'Italia sulla copertina del libro di testo e rispondete a queste domande:
1 Quali regioni fanno parte del Sud?
2 Quali sono le più importanti città di queste regioni?

82 La Sardegna

Esercizi

Trasformate la frase

Dobbiamo cercare la sua origine altrove.
La sua origine va cercata altrove.

1 Dobbiamo pagare il suo debito immediatamente.
2 Dobbiamo vedere quel film due volte.

E 226

3 Dobbiamo leggere quel libro attentamente.
4 Dobbiamo risolvere il problema fra di noi.
5 Dobbiamo sostituire subito quel commesso.

Parola nuova: *'debito* Schuld

(§ 42)

E 227

Completate la frase

Preferirei una nuova macchina ...
Vorrei sostituire quella vecchia ad una nuova.

1 Preferirei una nuova chitarra ...
2 Preferirei un nuovo televisore ...
3 Preferirei dei nuovi biglietti di banca ...
4 Preferirei delle nuove copie ...

E 228

Verbo irregolare: *spingere*

Trasformate la frase

Lo spingi sempre a partire da solo.
Ce lo spingesti anche domenica scorsa.

1 Lo spingono sempre a partire da solo.
2 Lo spingo sempre a partire da solo.
3 Lo spingete sempre a partire da solo.
4 Lo spingiamo sempre a partire da solo.
5 Lo spingi sempre a partire da solo.

Rispondete alle domande

1 Quali sono i due più importanti fenomeni che si sono verificati in Sardegna negli ultimi anni?
2 Il banditismo sardo è collegato alla mafia siciliana?
3 Quali sono i mali sociali della Sardegna che hanno dato origine al banditismo?
4 Perché c'è un'accentuata solitudine in Sardegna?
5 Altre cause del banditismo?
6 Cosa ha provocato l'improvvisa ricchezza della Gallura e della Costa Smeralda?
7 In che cosa si sono specializzati, i banditi sardi?
8 Perché i miliardari stranieri non vengono rapiti?

83 Paese dei nuraghi

Esercizi

E 229 **Completate la frase**

Quando giocano si dimenticano di tutto.
Almeno sembra così a vederle giocare.
1 Quando cantano si dimenticano di tutto.
2 Quando discutono si dimenticano di tutto.
3 Quando lavorano si dimenticano di tutto.
4 Quando cuciono si dimenticano di tutto.
5 Quando bevono si dimenticano di tutto.

(§ 59)

Rispondete alle domande

1 La Sardegna, dice l'autore, conserva un misterioso legame con la preistoria. Dove lo possiamo ritrovare, per esempio?
2 Di chi è il padre, il trisnonno?
3 Dov'è concentrata l'antichità, in Sardegna?
4 Di che epoca sono i nuraghi? (Consultate un'enciclopedia.)

Esercitazione

Un vostro amico vuole andare in Sardegna e vi chiede di descrivergli l'isola.
Vi servite di questi tre argomenti:

a il paese dei nuraghi
b il paese della Costa Smeralda
c il paese del banditismo

Ricerca

Guardate la pianta d'Italia sulla copertina del libro di testo e dite quali sono le più importanti città della Sardegna.

84 La Sicilia

Esercizi

E 230 **Trasformate la frase**
Oggi le cose cambiano.
Oggi le cose vanno lentamente cambiando.
1 Oggi i prezzi aumentano.
2 Oggi i cantieri siciliani crescono d'importanza.
3 Oggi lo sfruttamento dei braccianti sparisce.
4 Oggi nuove industrie nascono un po' dappertutto.
5 Oggi il senso della famiglia muore.
Parola nuova: *sparire, sparisco* verschwinden

Rispondete alle domande

1 Dite alcune delle cause principali della miseria in Sicilia.
2 Dove si trovano i più grandi pozzi di petrolio, in Sicilia?
3 La Sicilia è una delle 5 regioni autonome. Quali sono le altre 4? (Vedere pagina 40 nel libro di testo.)
4 Qual'è la situazione dell'agricoltura sicula?

Esercitazione

Studiate le piantine e cercate di rispondere alle domande.
1 È molto industrializzata, la Sicilia?
2 E la Sardegna?
3 Qual'è la zona d'Italia più coltivata, il Nord, il Centro o il Sud?
4 E la meno coltivata, qual'è?
5 Qual'è la zona d'Italia più ricca di minerali, il Nord, il Centro o il Sud?
6 E la meno ricca, qual'è?
7 Qual'è la zona d'Italia più industrializzata, il Nord, il Centro o il Sud?
8 E la meno industrializzata, qual'è?
9 Qual'è la zona d'Italia con la più alta densità di popolazione, il Nord, il Centro o il Sud?
10 E la meno densa, qual'è?

Minerali
- ■ Ferro
- ▲ Sale
- ♣ Zolfo
- P Petrolio
- ○ Zinco
- ● Marmi
- ⊕ Lignite
- ◐ Bauxite
- ⊖ Manganese
- + Mercurio

Industrie
- ● Meccaniche-metallurgiche
- ◆ Chimiche
- ◉ Gomma
- ⊖ Cartiere
- ● Tessili
- ○ Vetrerie
- ■ Dolciarie
- ▼ Ceramiche

un *minerale* Mineral
il *sale* Salz
zolfo Schwefel
zinco [dz] Zink
la *lignite* Braunkohle
la *bauxite* Bauxit
il *manganese* Mangan
mercurio Quecksilber

meccanico-metallurgico Metall-
chimico chemisch
cartiera [ɛ] Papierfabrik
vetreria Glashütte
ceramica Keramik
tessile [ɛ] Textil-
dolciario Süßwaren-

Densità della popolazione
- ■ + di 300 abit. per kmq
- ▦ da 200 a 300
- ▩ da 100 a 200
- □ − di 100

Principali colture
- frumento
- uva
- agrumi
- riso

densità Dichte
abit. = abitanti

coltura Kultur, Anbau
frumento = grano
riso Reis
agrumi Zitrusfrüchte

Se avete risposto a queste domande potete ancora meglio capire:
1 La frattura tra Nord e Sud-Isole (vedere pagine 48, 50, 104 e 127 nel libro di testo).
2 Il problema dell'emigrazione e dell'immigrazione interna (vedere pagine 43, 99 e 104 nel libro di testo).
3 L'idea antica della famiglia ed il problema del divorzio (vedere pagine 48–52 nel libro di testo).
Discutete su questi problemi.

85 La Giara

Esercizi

E 231 **Formate una frase**

perdere la calma
Come se la calma stessero per perderla gli altri e non lui!

1 perdere la pazienza
2 perdere la ragione
3 perdere il controllo
4 perdere la scommessa
5 perdere il tempo

Parola nuova: la *ragione* Vernunft

(§ 47)

E 232 **Trasformate la frase**

L'ha detto prima di partire.
L'ha detto prima che loro partissero.

1 L'ha detto prima di uscire.
2 L'ha detto prima di pagare.
3 L'ha detto prima di scommettere.
4 L'ha detto prima d'intervenire.
5 L'ha detto prima di perdere.

(§ 53)

E 233　**Formate una frase**

Non gli narrammo il caso.
Ma lui voleva che glielo narrassimo.
1　Non l'aiutammo a uscire.
2　Non rompemmo la giara.
3　Non lo facemmo uscire.
4　Non gli demmo aiuto.
5　Non andammo a sellargli la mula.
(§ 49)

E 234　**Verbo irregolare:** *risolvere*
Formate una frase

Dando retta a Mario non risolverà niente.
Ma nemmeno dando retta a Carlo risolse qualcosa.
1　Dando retta a Mario non risolverai niente.
2　Dando retta a Mario non risolveremo niente.
3　Dando retta a Mario non risolveranno niente.
4　Dando retta a Mario non risolverete niente.
5　Dando retta a Mario non risolverò niente.

Parola nuova: *dar retta a* hören auf, Gehör schenken

Cercate le espressioni

Trovate almeno un'altra espressione per:
a　La giara doveva esser rotta *daccapo*
b　Don Lollò *s'accostò* alla giara
c　Vecchiaccio *stolido*
d　*Mi fuma la testa*
e　A vossignoria non brucia

119

Rispondete alle domande

1 Cos'è una giara?
2 Era piccola o grande la giara di don Lollò? Da cosa lo potete capire?
3 Perché la giara doveva essere rotta di nuovo?
4 Il contadino aiutava Zì Dima?
5 Perché venne don Lollò?
6 Riuscì a far uscire Zì Dima?
7 Cosa ordinò al contadino?
8 Come si sentiva Zì Dima, dentro la giara?
9 Dove andò don Lollò?
10 Cosa diede a Zì Dima prima di andare?
11 Don Lollò era molto agitato. Da cosa si capiva?
12 Come reagì l'avvocato?
13 Perché voleva che don Lollò gli rinarrasse il caso?
14 Di che cosa si trattava, secondo l'avvocato?
15 E don Lollò come rispose?
16 Qual'è il cognome di don Lollò?
17 Pirandello è noto come drammaturgo e come romanziere. Conoscete qualche sua opera teatrale o qualche suo romanzo?

Parola nuova: il *cognome*: Pirandello (il *nome* è Luigi)

Esercitazione

Fate un breve riassunto del racconto.

86 La mafia

Rispondete alle domande

1 Com'è nata la « mafia »?
2 A che periodo risale la sua origine?
3 Quali sono i punti di « onore » della « mafia »?
4 Quando e come fu usato per la prima volta il termine « mafia »?
5 Come cerca di intervenire lo Stato contro la « mafia »?
6 Avete letto qualche libro di Danilo Dolci o di Leonardo Sciascia?

87 Un uomo con il senso della giustizia

Esercizi

E 235 **Trasformate la frase**

Alcuni restano ed altri partono.
Chi resta e chi parte.

1 Alcuni vanno ed altri vengono.
2 Alcuni piangono ed altri ridono.
3 Alcuni lavorano ed altri si divertono.
4 Alcuni fanno ed altri lasciano fare.
5 Alcuni c'entrano ed altri non c'entrano.

(§ 32)

E 236 **Rispondete alla domanda**

Di chi è la colpa? (dire)
La colpa è di chi l'ha detto.

1 Di chi è la colpa? (fare)
2 Di chi è la colpa? (incoraggiare)
3 Di chi è la colpa? (lasciare)
4 Di chi è la colpa? (arrestare)
5 Di chi è la colpa? (assumere)

(§ 31)

E 237 **Formate una frase**

È molto potente. Domina mezza Sicilia.
È così potente da dominare mezza Sicilia.

1 È molto intelligente. Parla otto lingue.
2 È molto ricca. Spende un patrimonio in vestiti.
3 È molto generoso. Fa regali a tutti.
4 È molto distratta. Dimentica sempre qualcosa.
5 È molto buona. Ci perdona sempre.

(§ 60)

E 238 **Verbo irregolare: *valere***

Trasformate la frase

Vale la pena di esaminare questo documento?
Questi documenti valgono la pena di essere esaminati?

1 Valeva la pena di esaminare questo documento?
2 Valse la pena di esaminare questo documento?

3 Varrà la pena di esaminare questo documento?
4 Varebbe la pena di esaminare questo documento?
5 Non so se valga la pena di esaminare questo documento.
6 Non sapevo se valesse la pena di esaminare questo documento.

Parola nuova: *esaminare, e'samino* prendere in esame prüfen

Rispondete alle domande

1 Chi sono i due che parlano?
2 Vi sembra che si tratti di un dialogo o di un « monologo »?
3 Cosa è successo a don Mariano Arena?
4 Che tipo sarebbe, secondo il siciliano?
5 Quando è avvenuto l'arresto: di giorno o di notte?
6 Come ha reagito la famiglia di don Mariano Arena?
7 Mori fu un flagello per la Sicilia. Perché?
8 Come considera il fascismo, il siciliano?
9 Come descrive don Mariano Arena, il siciliano?
10 Cosa dice di Arena, la voce pubblica?
11 Cos'è la mafia, secondo il siciliano?
12 Chi era Vittorio Emanuele Orlando?
13 Perché la mafia non esisterebbe, secondo il siciliano?
14 La mafia esiste solo in Italia?
15 Chi avrebbe il « senso della giustizia », secondo il siciliano? E che cosa intende per « senso della giustizia »?

88 Un simbolo della Sicilia nuova

Esercizi

E 239

Formate una frase

Giuseppe ha dieci anni, Franca ne ha otto.
Giuseppe ha due anni più di Franca.

1 Luigi ha ventott'anni, Maria ne ha diciotto.
2 Filippo ha trentacinque anni, Ludovico ne ha dieci.
3 Alberto ha sessant'anni, Miriam ne ha cinquantacinque.
4 Stefano ha quattro anni, Cesare ne ha tre.

E 240

Trasformate la frase

Tornando a casa, vidi Luigi.
Mentre tornavo a casa, vidi Luigi.

1 Cercando le chiavi trovai questo biglietto.
2 Leggendo questo romanzo, mi addormentai.
3 Aggiustando la macchina, me ne accorsi.
4 Conversando con Chiara, glielo dissi.
5 Entrando in salotto, la nascosi.

Parola nuova: *addormentarsi* einschlafen

(§ 45)

E 241

Trasformate la frase

Sentendo quelle parole, mi arrabbiai.
Quando sentii quelle parole, mi arrabbiai.

1 Lasciando Venezia, piansi.
2 Assumendo quella ragazza, feci bene.
3 Vedendo quella fotografia, mi vergognai.
4 Considerando la situazione, non trovai nessun mezzo di uscirne.

Trasformate le forme verbali

Sostituite, nel capitolo su Franca Viola, l'imperfetto, il passato remoto e il piucchepperfetto al presente, al passato prossimo e al futuro (pagina 138 e prima metà della pagina 139). Cominciate: *Era il 1962* . . .

Rispondete alle domande

1 Siamo nel 1962 in Sicilia. Descrivete Franca Viola, la sua vita, i suoi interessi.
2 Che tipo è Filippo Melodia?
3 Cosa porta nella cintura?
4 Qual'è l'atteggiamento dei genitori di Franca verso Filippo Melodia?
5 Filippo Melodia non sopporta « l'offesa ». Quale offesa?
6 Tornato dalla Germania, cosa fa?
7 Come comincia la sua vendetta?
8 Cosa succede il 26 dicembre 1965?
9 Chi è in casa?
10 Cosa succede alla madre di Franca?
11 E al fratello?

12 Filippo Melodia segue i sistemi dell'isola. Quali sono questi sistemi?
13 Dopo quanti giorni la polizia ritrova Franca Viola?
14 A quanti anni di prigione viene condannato Filippo Melodia?
15 Con chi è l'opinione pubblica?
16 Molti, nel paese, prevedevano un triste futuro di solitudine per Franca Viola. Cosa è successo, invece?
17 Come ha accolto la notizia la gente del paese di Franca?
18 Chi è stato il suo testimonio?
19 Quale importanza ha il sì pronunciato da Franca Viola?

Esercitazione

Filippo Melodia è stato condannato a 13 anni. Trovate questa pena:

a giusta
b troppo severa
c troppo leggera

Spiegate la vostra scelta.

Parola nuova: *pena* Strafe

89 La vendita dei braccianti

Esercizi

E 242 **Rispondete alla domanda**

Che ore sono? (01^{40})
È l'una e quaranta, sono le due meno venti.

1 Che ore sono? (11^{55})
2 Che ore sono? (09^{15})
3 Che ore sono? (17^{50})
4 Che ore sono? (24^{00})
5 Che ore sono? (19^{10})

E 243 **Rispondete alla domanda**

Quanti ne hanno comprati?
Invece di comprarne sei, ne hanno comprati dieci.

1 Quanti ne hanno presi?
2 Quanti ne hanno accesi?

3 Quanti ne hanno venduti?
4 Quanti ne hanno prenotati?
5 Quanti ce ne hanno resi?

(§§ 22, 65)

E 244 **Verbi irregolari:** *accendere* **e** *spegnere*

Sostituite il verbo *accendere* al verbo *spegnere* e vice versa

Io ho acceso la luce...
ma chi l'ha spenta?

1 Io accendo la luce...
2 Io spegnevo la luce...
3 Io accenderò la luce...
4 Io spensi la luce...
5 Io avevo acceso la luce...

(§ 65)

Rispondete alle domande

1 Dove avviene la « vendita dei braccianti »?
2 A che ora comincia l'attesa dei braccianti?
3 Raccontate cosa succede quando arriva il proprietario.
4 Gli operai cercano di farselo amico. Cosa dicono?
5 Ed il proprietario?
6 Chi sceglie, finalmente? E perché?
7 Quando il proprietario ha deciso di prendere un operaio, cosa gli dice?
8 Se gli operai scelti trovano che il prezzo è troppo basso, cosa fa il proprietario?.
9 E cosa fanno gli altri operai?
10 Quando il proprietario ha bisogno di operai per tutta una settimana, va tardi in piazza. Perché?
11 Come si sente ormai, l'operaio rimasto?
12 Perché la gente si vende in questo modo?

Esercitazione

1 Qualcuno di voi ha letto il libro « Inchiesta a Palermo » di Danilo Dolci o altri libri o articoli sui problemi della Sicilia? Parlatene brevemente.

2 Qualcuno di voi ha visto « Il giorno della civetta » o « A ciascuno il suo » o altri film sui problemi della Sicilia? Parlatene brevemente. Per la discussione sui problemi della Sicilia, servitevi di questi argomenti: *a* cause, *b* rimedi.

Parola nuova: *ri'medio* Abhilfe

90 Il grande nonno

Esercizi

E 245 **Fate una domanda**

Non facevano mai la cavalcata senza di lui.
Come vuoi che facessero la cavalcata senza di lui?

1 Non andavano mai a tavola senza di me.
2 Non si divertivano senza di noi.
3 Non potevano lavorare senza di voi.
4 Non rientravano mai senza di lei.
5 Non ballavano mai senza di lui.

Rispondete alle domande

1 In questa conversazione tra madre e figlio la figura del nonno risulta ingigantita. Da cosa lo capite?
2 Il nonno era analfabeta, perciò che cosa non sapeva fare?
3 Il nonno era socialista e poteva cavalcare nella processione di San Giuseppe. Perché, secondo la madre?
4 La processione era una cosa dei preti, secondo la madre?
5 Qual'è il tono di questa conversazione? Scegliete una di queste espressioni per definirlo:
   a semplicità popolaresca
   b profonda saggezza
   c orgoglio

Parole nuove: *ingigantire* rendere molto grande, come un gigante (Riese), un, una *analfabeta* chi non sa leggere né scrivere, *semplicità* l'essere semplice, non complicato

Ricerca

A Guardate la pianta d'Italia sulla copertina del libro di testo e rispondete a queste domande:

1 Quali sono le più importanti città della Sicilia?
2 Qual'è la forma della Sicilia?
3 Come si chiama il vulcano attivo della Sicilia?

B Due grandi catastrofi naturali hanno colpito la Sicilia nel '900. Quali sono e quando ebbero luogo?

Nachwort

Das vorliegende Übungsbuch bietet auf den Texten des Lehrbuchs *Parlate con noi 2* basierende Strukturübungen, mit deren Hilfe der Lernende grammatische Sachverhalte einüben soll. Die Übungen sind wie folgt gegliedert:

1. *Esercizi*
   a) *Drillübungen* zur Einübung grammatischer Strukturen nach einem vorgegebenen Satzmuster. Es empfiehlt sich, die Übungen erst mündlich, dann schriftlich zu machen. Neben neuen Strukturen werden auch solche, die schon in Band 1 des Lehrwerks behandelt wurden, eingeübt. Handelt es sich um neue Strukturen, wird auf den entsprechenden Paragraphen der Kurzgrammatik im Lehrbuch (S. 151 bis 164) verwiesen. Ebenso wird der Lernende unter jedem Abschnitt der Kurzgrammatik auf die dazugehörigen Übungen im Übungsbuch hingewiesen.
   b) *Übungen zur Einübung unregelmäßiger Verben.* Als Ergänzung dazu wird es hilfreich sein, den Abschnitt über unregelmäßige Verben am Schluß der Kurzgrammatik im Lehrbuch durchzuarbeiten. In vielen Fällen soll der Lernende durch diese Übungen nur dazu befähigt werden, Verbformen, denen er beim Lesen begegnet, zu identifizieren und zu verstehen (z. B. das passato remoto), ohne sie selbst im Gespräch praktisch anwenden zu können.

2. *Cercate parole, vi diamo il verbo, trovate il sostantivo:* Wortbildungsübungen, die den passiven Wortschatz des Lernenden erweitern sollen.

3. *Scegliete la risposta corretta, mettete la parola, la cifra o la data che mancano:* Multiple-choice-Übungen oder Ergänzungsübungen (ergänzt werden Fakten aus der Geschichte, Geographie usw.) sollen prüfen, ob der Lernende den Text richtig verstanden hat.

4. *Rispondete alle domande:* Fragen zu fast jedem Abschnitt des Lehrbuchs, die wiederum das Textverständnis des Lernenden testen sollen und nicht selten zu einer Diskussion über das Hauptthema des Textes führen. Oftmals wird auch zu einem Vergleich mit vorangehenden Textabschnitten aufgefordert.

5. *Esercitazione* und *Ricerca:* Schriftliche und mündliche Aufgabenstellungen wie Zusammenfassung eines Textes, Beschreibungen (teilweise auf Grund von Abbildungen und Karten aus dem Lehrbuch) und imaginäre Interviews mit Personen aus den Lesestücken.

Alle Übungen und Anweisungen sind in Italienisch abgefaßt.